L'ENFANT
DU
CARNAVAL.

Imprimerie de V. H. PERRONNEAU quai des Augustins, n. 39.

Carnaval. Tom. III.

J'étais entre ces deux Dames, et quand j'en évitais une, je n'échappais pas à l'autre.

L'ENFANT

DU

CARNAVAL,

HISTOIRE REMARQUABLE, ET SURTOUT VÉRITABLE;

Pour servir de Supplément aux Rapsodies du jour;

Par PIGAULT-LE-BRUN.

Valeat res ludicra.

NOUVELLE ÉDITION.

TOME TROISIÈME.

PARIS,

J.-N. BARBA, libraire, éditeur des OEuvres de *Pigault-le-Brun*, Palais-Royal, derrière le Théâtre Français, n° 51.

1818.

L'ENFANT DU CARNAVAL.

CHAPITRE PREMIER.

Fautes, repentir.

Fanchon me réveilla en riant aux éclats. J'étendis les bras, je me frottai les yeux, et je lui demandai en bâillant ce qu'elle avait à rire. « Je « ris, me répondit-elle, d'un jeune « homme et d'une jeune fille qui « dorment sagement à deux pas de dis- « tance, l'une dans son lit, l'autre dans « son fauteuil. Quel exemple pour « la jeunesse ! Eh bien ! si on publiait « cela, on ne le croirait point; » et elle s'habillait derrière ses rideaux, en me

faisant mille contes plus plaisans les uns que les autres. Je finis par en rire ; il n'y avait pas moyen de faire autrement. Quand elle eut épuisé ses folies, elle me demanda si j'avais du linge. « O mon Dieu ! lui répon-
« dis-je, ma garde-robe se borne à
« ce que j'ai sur le corps. — Pauvre
« garçon ! pas de linge ! je vais vous
« en donner. » Je me doutai à qui appartenait ce linge qu'elle m'offrait si complaisamment ; cela me répugna, et je le refusai. « Je n'aime pas
« les choses d'emprunt, ajoutai-je ;
« vous me ferez le plaisir de m'en
« aller acheter. — Oui, quand nous
« aurons déjeûné. Monsieur aime-t-il
« le café à la crême ? — Beaucoup. —
« Monsieur en aura ; » et elle sortit en pantoufles et en jupon court, pour aller chercher de la crême.

Fanchon avait alors vingt-quatre

ans. Elle était grande, bien faite, jolie, et une extrême coquetterie perçait à travers l'élégante simplicité de sa mise. Elle parlait beaucoup, et son étourderie, son inconséquence donnaient à ce qu'elle disait une tournure originale. Elle riait souvent, et montrait alors les plus belles dents du monde. Elle dédaignait les bienséances, détestait la contrainte, idolâtrait le plaisir, jouissait du moment, et se moquait de l'avenir. Du reste, elle était bonne, sensible et généreuse, comme presque toutes les femmes à faiblesses.

Je me crus heureux de l'avoir rencontrée. Son amitié active et prévenante suppléait à l'oubli de moi-même. Sa gaîté inépuisable dissipait insensiblement les nuages dont j'étais enveloppé. Le déjeûner ne fut pas plus triste que les momens qui l'avaient

précédé, et à peine Fanchon eût-elle pris son café et croqué sa rôtie, qu'elle s'approcha de moi, glissa sa main blanchette dans la poche de mon gilet, et en tira ma bourse. « Voyons un
« peu, Monsieur, l'état de vos fi-
« nances. — Voyez, Mademoiselle.
« — Trente louis ! Calculons. Dix
« louis, en linge et autres effets; quinze
« louis pour un petit lit de garçon
« où vous pourrez cependant coucher
« avec Madame, en vous serrant un
« peu, ce qui ne vous déplaira pas;
« restent cinq louis pour les dépenses
« journalières et extraordinaires. Une
« place à assiéger, et probablement
« des machines à construire.... On
« ne va pas loin avec cinq louis, en
« guerre ni en amour. Vous ferez
« bien d'aller ce soir rendre une vi-
« site à votre correspondant; » et elle partit pour m'aller acheter du linge.

Je commençai à penser sérieusement aux dispositions qui pouvaient assurer le succès de mon entreprise. Je pris du papier et une plume, pour classer et conserver mes idées. Les tasses, la cafetière, le sucrier, embarrassaient encore la table, et je m'assis sur le lit de Fanchon.

Je n'étais pas inquiet du tout sur la manière dont j'entrerais dans le clos; il ne me fallait, comme à la première fois, qu'un bâton de six pieds et mon couteau. Je posais ce bâton contre le mur, j'enfonçais mon couteau entre deux pierres; je mettais un pied sur le manche du couteau, je m'enlevais, appuyé sur le bâton; mes doigts se cramponnaient aux pierres inégales, ou rongées par le temps; je portais mon autre pied sur le haut du bâton; je cherchais l'équilibre; je m'élançais, mes mains atteignaient le couronnement du mur, elles enlevaient le reste du corps, et je sautais dans le jardin. Juliette, aidée par moi, monterait facilement aux espaliers ; mais comment descendrait-elle dans la rue ? L'expédient du bâton pouvait être dangereux pour une femme faible encore, et sans habitude des exercices violens. Je cherchai, je trouvai, et j'écrivis :

Un crochet de fer assez ouvert pour embrasser l'épaisseur du mur.

Une échelle de corde.

Le bâton de six pieds.

« Je mettrai, me dis-je, l'échelle
« dans une poche, le crochet dans
« l'autre, et le bâton sur mon épaule.
« Arrivé au pied du mur, j'attache
« mon échelle à l'anneau qui est au
« bas du crochet. Avec une bonne
« ficelle, je lie un bout de mon
« bâton sur la partie droite du cro-

« chet; je prends alors le bâton par
« l'autre bout, je lève le bras et je
« pose aisément le crochet sur le
« haut de la muraille; voilà mon
« échelle fixée. Je monte, je regarde,
« je vois la serre où couche le jar-
« dinier, je descends, j'enlève mon
« échelle en prenant le bâton par le
« bas, et je la place aussi loin de la
« serre que me le permet l'étendue
« du jardin. Je remonte, j'enfourche
« le mur, je passe mon échelle en
« dedans du clos, je descends, j'en-
« lève de nouveau mon échelle, et
« je l'étends dans un carré de légu-
« mes de peur que le jardinier ou
« quelque none ne l'apperçoivent en
« faisant leur ronde, et ne me cou-
« pent la retraite; j'écoute, je n'en-
« tends rien, et je m'avance vers le
« pavillon. Jusqu'à présent cela va à
« merveilles.

« Me voilà à la porte du pavillon ;
« elle est fermée. Employons d'abord
« les moyens doux ; » et j'écrivis sur
mon agenda :

Une lanterne sourde.

Des crochets à ouvrir les serrures.

Des tenailles pour arracher les clous des serrures que les crochets n'ouvriront pas.

Une lime sourde pour me servir dans le cas où je ne pourrais absolument pas entrer dans le pavillon.

Je me proposais alors de monter à l'une des croisées à l'aide de mon échelle, de scier un ou deux barreaux, de pénétrer dans le bâtiment, de faire du bruit, d'attirer les sœurs de veille, de leur prendre les clefs, de les enfermer elle-mêmes dans une chambre, de chercher celle de Juliette, de lui ouvrir et de l'emmener.

Si les moyens doux ne réussissaient

pas, si j'étais entendu par le jardinier ou les sœurs de veille, et que j'eusse à craindre qu'ils répandissent l'alarme dans la maison, j'emploierais des moyens plus forts ; et j'écrivis :

Une paire de pistolets à deux coups.

Des cordes neuves.

Deux bâillons.

Un briquet, une pierre, de l'amadou et des allumettes

Les pistolets et les cordes étaient pour le jardinier, les bâillons pour les sœurs, le briquet et les allumettes pour mettre le feu au corps de logis, et enlever Juliette dans le tumulte si je ne pouvais pas l'enlever autrement. Enfin j'écrivis en note :

Dans tous les cas, le parti le plus sûr est de marcher d'abord à la serre. Si elle est fermée, je casserai brusquement un carreau de vitre, je présenterai au jardinier ma lan-

terne sourde et le bout de mon pistolet, je le menacerai de lui brûler la cervelle s'il porte la main à son fusil et s'il ne m'ouvre pas à l'instant : il m'ouvrira. Je lui ordonnerai de se recoucher ; il se recouchera. Je l'attacherai fortement dans son lit avec mes cordes, je lui défendrai de crier sous peine de mort, je prendrai son fusil, et je le jetterai dans un coin du jardin.

J'étais très-satisfait de ces dispositions générales, lorsqu'une réflexion subite me rejeta dans un nouvel embarras. Si je me présentais chez un serrurier pour acheter des crochets et une lime sourde, je m'exposais à me faire arrêter sur-le-champ. Il était possible, à la rigueur, d'en trouver chez les marchands de vieille ferraille ; mais ils seraient hors d'état de servir, ou le marchand ne les étalerait pas :

je tranchai la difficulté. « J'aurai,
« dis-je, du fer, un marteau, du
« charbon, et, tant bien que mal,
« je fabriquerai des crochets. Je rem-
« placerai la lime par une pince de
« fer, et au lieu de scier les bar-
« reaux, je détacherai les pierres dans
« lesquelles ils seront enclavés. »

Je me transportais à ce jour si désiré, le succès couronnait mes efforts, je voyais tomber ces grilles détestées, j'entrais dans la chambre de Juliette : « C'est ton époux, c'est ton
« libérateur, » lui criais-je, et son œil noir se tournait vers moi, son sein palpitait de plaisir, ses bras s'ouvraient, et j'y retrouvais le bonheur.

Fanchon rentra avec un paquet.
« Plus d'obstacles, continuai-je, plein
« de ma délicieuse erreur, je les
« leverai tous, et Juliette est à moi.
« Venez, venez vous asseoir ici ; écou-

« tez, lisez, admirez. » Fanchon ne se le fait pas répéter. Elle accourt, elle s'élance, elle est sur son lit, elle est à mes côtés. La tête déjà exaltée, tout à mes idées séduisantes, je parle, je m'échauffe davantage, mon imagination électrise mes sens, le délire augmente, l'illusion est au comble, je crois tenir cette Juliette tant aimée, et c'est Fanchon que je presse dans mes bras; ce sont les charmes de Fanchon que je parcours, que je dévore; elle-même s'anime, s'enflamme, elle s'oublie avec moi.... Hélas! j'étais infidèle, et mon infidélité même était un hommage à l'amour.

Si Fanchon m'avait séduit, je l'aurais détestée en ce moment. La nature, la nature seule nous avait égarés. La mère du plaisir est donc aussi la mère des remords! Les miens étaient cruels. Je lui ai juré de vivre pour elle,

« m'écriai-je, et j'ai oublié mes ser-
« mens ! Elle me garde sa foi ; qu'ai-
« je fait de la mienne ? On peut donc
« adorer sa maîtresse, oui, l'adorer
« et la trahir ! — Je ne l'aurais pas
« cru, dit Fanchon d'une voix timi-
« de. » Mes yeux se reportèrent sur
elle ; les siens lançaient les traits acé-
rés du désir. Le désordre où je l'avais
mise et qu'elle ne pensait pas à réparer, l'abandon d'une femme vaincue,
qui attend, qui implore une seconde
défaite.. Ma faiblesse, l'occasion...Pour
la première fois j'oubliai Juliette, et
je retombai dans les bras de Fanchon.

Je sentis bientôt la prodigieuse
différence de la jouissance à l'amour.
Je respirais le sentiment sur la bouche de Juliette, je demeurai froid
auprès de Fanchon. Elle s'en aperçut, et ne s'en offensa point; rien ne
pouvait altérer sa gaîté, ni troubler

son repos. J'étais gauche, embarrassé ;
elle me parlait avec autant de liberté
et d'aisance que s'il ne se fût rien passé
de particulier entre nous. « Ce pauvre
« enfant, disait-elle, dans quel état
« le voilà ! ne dirait-on pas à son air
« contrit qu'il vient de commettre un
« grand crime, et cependant nous
« n'avons fait tort à personne. Sépa-
« rés, vous de ce que vous aimez
« passionnément, moi de ce que j'ai-
« me raisonnablement, il était tout
« simple de nous laisser aller à la
« circonstance. Ces petits momens
« d'oubli sont plus fréquens qu'on ne
« pense ; oublions celui-ci nous-
« mêmes, qui diantre s'en souvien-
« dra ? — Oui, Fanchon, oui, il faut
« l'oublier. — Eh bien ! Monsieur,
« n'en parlons plus. A table, et vive
« la joie ! » Que repondre à une femme de ce caractère ? Elle avait une

manière d'envisager les choses.... Je mangeai pour ère dispensé de parler. Fanchon ne tarissait pas. Tantôt elle me faisait des contes, tantôt elle me parlait de Juliette avec autant d'intérêt et de chaleur que si elle ne fût pas sortie du rôle modeste de confidente; elle faisait, pour nôtre réunion, des vœux aussi sincères que si son propre bonheur y eût été attaché. Elle quittait ensuite le ton sentimental et déraisonnait avec cette amabilité qui lui était familière. Si je souriais à ses saillies, elle prenait mon visage à deux mains et me baisait de tout son cœur; si je devenais sombre et pensif, elle me relevait le menton, me regardait d'un air moitié tendre, moitié comique, me faisait de petites mines et me baisait encore. Le moyen de tenir à tout cela ? Je me laissais faire tout platement, tout bêtement, et Fanchon se moquait de moi.

Lorsqu'elle eut fini de dîner, elle se leva et me demanda, avec une profonde révérence, si je n'avais rien à lui ordonner. « Eh ! que voulez-vous
« que je vous ordonne ? — Monsieur
« serait-il assez aimable pour avoir
« oublié que je n'ai qu'un lit ? — Non,
« Mademoiselle, non, je ne l'ai pas
« oublié. — Je vais donc en acheter
« un autre. — Eh, parbleu ! comme
« il vous plaira. — Il ne me plaît pas
« du tout. Cette emplette peut fort
« bien se remettre à un autre jour. —
« Pourquoi donc m'en parlez-vous ?
« — Je n'ai pas voulu que vous me
« fissiez de reproches...... — Vous
« aimez mieux que je m'en fasse à
« moi-même. — Oh ! ce sont vos
« affaires. » Elle rit, elle chanta, elle dansa, elle ferma sa boutique, elle me lutina, et ma foi....

Le troisième jour au matin, Fanchon attendait mon réveil. Dès que j'eus les yeux ouvert, cette fille, originale en tout, m'embrassa et me dit :
« Que ce baiser soit le dernier. Je ne
« veux plus rien de vous ; vous n'ob-
« tiendrez plus rien de moi. Frivole,
« inconsidérée, facile, mais honnête
« au fond, je me souviens qu'il y a
« là-bas quelqu'un qui souffre de votre
« absence. Revenez à votre premier
« amour ; je ne l'ai pas balancé ; j'en
« ai seulement suspendu l'influence.
« Un homme aimable se permet une
« *distraction* ; un homme honnête
« ne contracte pas *d'habitudes*. De
« l'amitié bien vraie, bien solide, bien
« constante, voilà ce que j'attends,
« ce que je vous offre, ce que vous
« me devez, ce qui nous suffira. Je
« vais aujourd'hui au couvent. Qu'à
« mon retour Juliette soit rentrée dans

« ses droits. Vous voyez que Fanchon
« s'est déjà remise à sa place. »

Nous nous levâmes. Dans le courant de la matinée, il y eut un lit monté dans l'arrière-boutique, un loquet en dehors de ma porte, un verrou en dedans de la sienne. Je la regardais aller, venir, arranger; elle m'étonnait, elle m'humiliait. Tels étaient ma démence et mon aveuglement, qu'il fallut qu'une fille me rendît à moi-même. O jeunesse! jeunesse! don précieux et fatal! l'homme te prodigue, te prostitue et te survit pour te regretter.

La présence, les agrémens, les discours de Fanchon m'avaient éloigné jusqu'alors de ces réflexions amères. Elle me quitta pour retourner aux Dames-Anglaises, et je me trouvai seul avec ma conscience. J'entendis le cri de mon cœur; la raison, armée

de son cruel flambeau, m'éclaira sur des fautes volontaires que rien ne pouvait excuser. Le prestige était dissipé; je me voyais à nu, j'étais effrayé de moi-même. J'errais dans cette chambre; j'en parcourais les recoins, j'y cherchais le repos, je me retrouvais par-tout. Juliette se montrait à moi. Je la voyais indignée et menaçante; elle repoussait mes caresses, elle rachetait sa liberté par les faiblesses mêmes dont je lui avais donné l'exemple; j'avais perdu le droit de me plaindre; je n'osais plus même être jaloux. Fanchon rentra hors d'haleine, excédée, toute en eau. « Vous êtes dans
« un état affreux, me dit-elle; le temps
« des regrets est passé; celui d'agir est
« venu. — Que voulez-vous dire? —
« Vous allez être père. — Et c'est vous
« qui me l'annoncez! — Oui, c'est
« moi qui recevrai votre enfant, qui

« vous le conserverai, qui le rendrai
« à sa mère. » Quelle fille que cette
Fanchon! Quelle réunion de qualités
opposées! Il fallait tout à la fois l'estimer et la plaindre.

Elle me conta qu'elle était dans le
couvent. Elle réglait avec la maîtresse
de classe le compte des articles qu'elle
supposait avoir vendus. Elle attendait
la grande blonde, et elle calculait, se
trompait, et recommençait pour se
tromper encore et gagner du temps.
La grande blonde ne parut point, et
il fallut finir. Elle se retira et s'arrêta
chez la tourrière. Elle était à peine
avec cette femme, qu'on la sonna dans
l'intérieur du couvent. Fanchon, restée seule, examina les portes, les
grilles, et ne remarqua rien qui pût
me donner des facilités. Il y avait
quelques clefs dans une armoire ;
mais ce ne pouvait pas être celles du

pavillon. La tourrière revint. « Je suis
« fâchée, dit-elle à Fanchon, de ne
« pouvoir pas causer un peu avec
« vous; mais il faut que je sorte. —
« Et où allez-vous? — Chercher une
« sage-femme. — Quelle plaisante-
« rie! — Eh! venez donc. On dit
« qu'il n'y a pas de temps à perdre. »
Elles sortirent ensemble. Fanchon ne
la quittait pas, et ne cessait de la faire
parler. « Une sage-femme dans un
« couvent! — Que voulez-vous, ré-
« pondait la tourrière, c'est un mal-
« heur.— Serait-ce pour une de vos
« dames? — *Jesus, Maria!* vous avez
« toujours des pensées... — Ah! j'en-
« tends : c'est encore ce malheureux
« pavillon. — Ah! mon Dieu, oui ;
« tout cela nous donne bien du tin-
« toin. — Et que ferez-vous de cet
« enfant? — Le pauvre petit, il fau-
« dra bien le mettre aux Enfans-Trou-

« vés. — Mais quel scandale ! Que
« diront les voisins, quand ils verront
« emporter.... — Oh! on ne l'empor-
« tera que la nuit. Voilà, continua
« Fanchon, ce que j'ai appris de la
« tourrière. Je l'ai laissée au coin de
« la rue Saint-Hyacinthe, et je suis
« revenue en courant. Je n'ai pas trop
« de la journée pour faire mes petits
« préparatifs; » et la voilà qui repart
et qui rentre avec une barcelonnette.
Elle ressort, et revient avec des petits
bonnets, du molleton de coton, de
la dentelle, de la mousseline ; que
sais-je? Elle ouvre son armoire, prend
ses ciseaux, met en pièces cinq a six
chemises, enfile son aiguille, et com-
mence la layette.

Je la regardais travailler avec un
plaisir, une émotion, qui me faisaient
oublier mes chagrins : la seule idée
de voir, d'embrasser mon enfant, me

pénétrait d'une joie douce. J'avais délié les nœuds qui m'attachaient à sa mère; je sentais qu'il allait les resserrer, et cette pensée me consolait. Je me portais ensuite dans l'intérieur du pavillon. Je voyais Juliette tourmentée par des douleurs aiguës, sans soins, sans support; elle m'appelait, et je n'étais pas là pour compatir à ses souffrances, pour recevoir le premier présent de l'amour. Des mains cruelles éloignaient son enfant, le dérobaient à ses caresses; des cœurs de glace étaient insensibles à ses prières, à ses pleurs. Elle avait un fils, un époux, et cependant elle était seule au monde.... « O
« mon Dieu! m'écriai-je, supportera-
« t-elle ce dernier coup? c'est par
« moi, c'est pour moi qu'elle souffre;
« est-ce de moi qu'enfin elle recevra
« la mort? »

Ces réflexions me déchiraient; mais

elles me ramenaient à Juliette avec une force nouvelle; mes premiers feux se rallumaient avec rapidité. Bientôt j'osai descendre dans mon cœur : je n'y trouvai que Juliette gravée en traits ineffaçables; l'image de Juliette le remplissait tout entier. Je fus content de moi. Je présentai la main à Fanchon. « Oui, lui dis-je, de l'ami-
« tié, rien que de l'amitié. Que ces
« momens d'erreurs s'effacent de notre
« mémoire; si nous nous en souve-
« nons, que ce soit pour en rougir.
« — Eh ! de quoi venez-vous me par-
« ler là, répondit Fanchon, je n'y
« pensais déjà plus. Allons, mettez-
« vous ici et regardez-moi travailler,
« cela vous dissipera : surtout laissez-là
« vos grands mots; ils ne m'amusent
« pas du tout. »

Une chose m'avait frappé en écoutant son récit. « Il me semble, lui

« dis-je, que Juliette ne devait pas
« accoucher avant un mois ou cinq
« semaines. — Que voulez-vous que
« je réponde à cela? ça avance, ça
« recule; ça se prend quand ça vient; »
et elle me montrait ce qu'elle faisait;
elle m'indiquait l'usage de chaque
chose. Elle roulait une serviette, elle
l'emmaillotait, elle la coiffait, elle
me la faisait baiser, elle la jetait dans
un coin, et se remettait à l'ouvrage.
« Nous verrons, disait-elle, nous
« verrons comment vous vous y pren-
« drez ce soir. A propos de cela, com-
« ment comptez-vous vous arranger
« avec la sage-femme? — Eh, par-
« bleu ! rien de si simple ; j'irai l'at-
« tendre à la porte du couvent. —
« Après? — Je lui demanderai l'en-
« fant. — Si elle ne veut pas vous le
« donner? — Je le prendrai. — Si
« elle crie? — Je lui offrirai de l'ar-

« gent. — Si elle le refuse? — Je la
« remettrai dans ma poche et je l'en-
« verrai promener. — Si..... — Oh,
« si, si!... Je ne sais pas prévoir les
« choses de si loin; j'agirai comme
« on agira. »

Nous prîmes à peine le temps de dîner : Fanchon se remit à son ouvrage. La layette avançait, il était cinq heures, et je la priai d'aller chercher une voiture. « Êtes-vous fou,
« me dit Fanchon, il fait jour jusqu'à
« huit heures. — Et si on emportait
« l'enfant plus tôt qu'on ne se l'est
« proposé? il vaut mieux attendre. —
« Où? dans la rue? vous exposer......
« Ah! il y a un cabaret en face; nous
« demanderons un cabinet. — Vous
« venez avec moi? — Certainement:
« peines et plaisirs, je partage tout
« avec mes amis. » Elle sortit, et revint avec un fiacre.

Nous partîmes, nous fîmes arrêter le cocher au coin de la rue; Fanchon prit mon bras, et nous allions entrer dans le cabaret lorsque la tourrière parut à la porte du couvent. Le premier mouvement de Fanchon fut de retourner. « Elle nous a vus, dit-elle, « n'ayons pas l'air de l'éviter. » Nous l'abordâmes, et Fanchon lui présenta son frère. Je servais dans les dragons, et je venais passer un congé de six semaines avec elle. Les meilleures idées viennent souvent lorsqu'on les cherche le moins. Je pris la parole, et je dis à la tourrière que nous allions, ma sœur et moi, faire un petit goûter sur le boulevard Neuf, que j'étais enchanté de rencontrer quelqu'un de sa connaissance, et qu'elle m'obligerait beaucoup si elle voulait être de la partie.

« Votre sœur sait bien, répondit

« la tourrière, que je ne peux pas
« m'éloigner. » Je m'attendais à cette
réponse. « Eh bien ! lui dis-je, goû-
« tons chez vous ; nous y serons aussi
« bien qu'ailleurs, et vous resterez à
« vos affaires. — Chez moi ! continua
« la tourrière. — Je ne vois pas de
« difficulté à cela, poursuivit Fan-
« chon. — Pourvu qu'on ne s'aper-
« çoive de rien, continua la tour-
« rière. — Soyez tranquille, lui dis-je,
« j'ai des poches comme des bissacs ;
« j'y cacherais le goûter de toute la
« communauté. » J'entrai au cabaret ;
je pris ce qu'il y avait de mieux, et je
rejoignis ma sœur.

Elle était déjà en conversation
réglée avec la tourrière. Je les écon-
tai ; j'avais l'air de ne penser à rien, et
je pensais à tout. Je marchai sur le
pied de Fanchon, et elle m'entendit.
« A propos, dit-elle, et votre accou-

« chement! — Oh! c'est fini, Dieu
« merci. — Heureusement! deman-
« dai-je. —Très-heureusement.—Et
« la pauvre mère, poursuivis-je......
« — Bah! dit Fanchon, en me cou-
« pant la parole, ces femmes-là se
« consolent aisément. — Mais, pas
« trop, reprit la tourrière. Celle-ci
« est fort triste, à ce que disent nos
« dames; mais elle est assez calme.
« — Et qu'a-t-elle dit, reprit Fan-
« chon, quand on lui a ôté son en-
« fant? — On ne le lui a pas ôté
« encore. — Elle l'a donc embrassé!
« m'écriai-je. — Taisez-vous, mon
« frère, et versez à boire. — Tope,
« répondis-je; à l'accouchée! — Eh!
« pourquoi pas? dit la tourrière. Le
« bon Dieu juge le pécheur; c'est à
« nous à le secourir et à le plaindre.
« —Voilà, ma chère amie, voilà la
« vraie morale! » Et je lui sautai au

cou. Elle fit une grimace ; mais une grimace..... Celle-là, je n'entreprendrai pas de la décrire. Fanchon cria plus haut qu'elle, pour lui imposer silence ; elle me tança de la bonne manière. On sonna à la porte extérieure : c'était la sage-femme. Je profitai du moment pour retourner au cabaret, et j'en rapportai une bouteille d'eau-de-vie que je mêlai parmi les autres. La sage-femme était une grosse maman de bonne humeur, et je l'invitai à boire un coup ; elle en but deux, et se fit ouvrir la porte intérieure. « Nous vous verrons en « repassant, lui cria Fanchon. — Oh ! « elle ne sortira pas sans ma permis- « sion, dit la tourrière. » Et elle continua de faire fête à un jambonneau qui, vraiment, n'était pas mauvais, et qui rappelait son buveur.

Le temps s'écoulait. La tourrière

humectait le jambon ; moi, je m'impatientais, et Fanchon me faisait signe de me modérer. J'entendis appeler. « Ouvrez vite, dis-je à la tourrière, « voilà la sage-femme. » Je me levai, j'allai au-devant d'elle, je pris l'enfant. Le pauvre petit pleurait ; il semblait regretter sa mère. Je lui présentai du vin et du sucre. Il but, il me sourit, et mon cœur se dilata. « Voyez, disait « Fanchon, comme mon frère entend « cela ; ne dirait-on pas qu'il n'a « jamais fait d'autre métier ? » La sage-femme me regarda, et regarda Fanchon. « Si vous n'aviez pas l'air « aussi sage, lui dit-elle, je ne croirais « pas trop à la fraternité. » Fanchon se mit à rire. La sage-femme rit aussi. « A table, à table, m'écriai-je, pour « détourner la conversation. — A « table, répéta la sage-femme. Cet « accouchement n'est pas lucratif ;

« mais je vais oublier cela avec vous :
« plaisir vaut mieux qu'argent. » Incapable de commander à ma tête, je commençai une série de questions plus imprudentes les unes que les autres ; le nom de Juliette vint deux ou trois fois errer sur mes lèvres : Fanchon me marcha sur le pied à son tour. Je compris que je n'avais rien de mieux à faire que de me taire et de verser à boire. Je versai sans relâche.
« Ménagez-nous, disait la tourrière,
« et elle ne laissait rien dans son verre.
« — Je suis en retard, disait la sage-
« femme, » et elle se hâtait de nous rattraper. Fanchon et moi, nous buvions peu ; mais nous poussions nos convives. Bientôt la tourrière oublia la morgue monastique, et elle voulut bien s'apercevoir que j'étais joli garçon. « Ne vous effarouchez pas, mon
« cher enfant, me disait-elle en me

« passant la main sous le menton,
« c'est pour votre sœur que je vous
« embrasse. — Je ne suis pas si dupe,
« reprenait la sage-femme ; je l'em-
« brasse pour mon compte. » J'étais
entre ces deux dames, et quand j'en
évitais une, je n'échappais point à
l'autre. Je faisais une mine qui valait
toutes les grimaces de la tourrière ;
Fanchon riait, elle riait.... et elle
versait, et on buvait, et les accolades
se multipliaient tellement que je ne
savais plus à laquelle entendre. Bientôt mes voisines balbutièrent ; bientôt
leurs membres appesantis se refusèrent
à leurs tendres empressemens. Je fis
signe à Fanchon de mêler de l'eau-de-
vie avec leur vin. Ce fut le coup de
grâce : nous les mîmes toutes les deux
sur le lit de la tourrière.

« Vivent les gens d'esprit ! dit Fan-
« chon. Voilà ce que j'appelle savoir

« se tirer d'une affaire. Ouvrons la
« porte, et allons-nous en. » Je voulais entrer dans le jardin, je voulais m'approcher de Juliette, essayer de la voir, de lui parler. « Vous voulez
« risquer tout, sans pouvoir rien
« gagner, me dit Fanchon. Madame
« est-elle en état de vous suivre ? —
« Eh bien! repris-je, j'emporterai du
« moins.... — Quoi ? la tourrière ? —
« Non, ses clefs. — Et demain on
« changera les serrures. Emportez ce
« marmot, et rendez grâce à la fortune. Elle vous a traité ce soir en
« enfant gâté. »

Fanchon détacha le trousseau de la ceinture de la tourrière, elle ouvrit, nous sortîmes, et nous laissâmes le soin de fermer la porte à quiconque voudrait bien s'en donner la peine. Elle enveloppa l'enfant dans son mantelet, et nous nous éloignâmes au plus vite. Une voiture se présenta, nous y montâmes, nous nous fîmes descendre sur la place Victoire, et nous rentrâmes chez nous enchantés du succès de notre expédition.

Je ranimai le feu ; Fanchon s'assit par terre, je m'assis à côté d'elle, et nous démaillotâmes l'enfant. C'était un joli petit garçon. Je le prenais, je le caressais ; Fanchon le reprenait et le caressait à son tour. « Voyez, disait-
« elle, comme il est gentil ! voyez
« comme il vous ressemble ! — Eh !
« non, répondais-je, il ressemble à
« Juliette. » La vérité, c'est qu'il ne ressemblait ni à l'un ni à l'autre.

Nous voulûmes le renvelopper. Fanchon était d'un gauche ! je tâchais de l'aider ; j'étais d'une maladresse ! Elle se moquait de moi, je me moquais d'elle, l'enfant criait, rien n'avançait. Nous passâmes une partie de la nuit à l'appaiser, à l'arranger, à le faire boire, à le bercer. Le pauvre petit s'assoupit enfin. Fanchon porta la barcelonnette près de son lit ; elle m'enferma dans ma chambre, elle s'enferma dans la sienne, et je m'endormis en méditant de nouveaux exploits.

CHAPITRE II.

Revers et succès.

Je trouvai, en me levant, une nourrice bien fraîche et bien appétissante. Fanchon, en allant chercher sa crême, avait interrogé les commères du quartier. On lui avait indiqué cette femme, et elle l'avait amenée avec elle.

La nourrice était déjà entrée en fonctions; l'enfant était pendu au teton. Fanchon rassemblait la layette, en convenant de prix avec la mère adoptive, et, pour abréger la négociation, je vidai ma bourse dans son tablier. Avec ces manières-là, on est toujours certain de plaire; aussi la nourrice me trouva fort à son gré, et elle me promit les plus belles choses du monde. Je n'avais pas oublié tout-à-fait la vie que je menais à Sangatte. Mais cette nourrice était la femme d'un garçon maréchal qui demeurait aussi dans la rue du Mail ; Fanchon se promit bien d'avoir les yeux ouverts sur sa conduite, et je fus sans inquiétudes.

Quand nous fûmes seuls, nous cessâmes de penser à l'enfant pour nous occuper de la mère. Je pris mes plans et mes notes, et je les déroulai, non pas sur le lit de Fanchon, mais sur sa table. Je lui expliquai bien longuement, et aussi clairement qu'il me fût possible, la forme que je comptais donner à chaque ustensile, et la manière dont je devais m'en servir. Fanchon écoutait, me faisait répéter, levait les épaules, ou applaudissait. Elle applaudit beaucoup au briquet, à l'amadou et aux allumettes; elle trouvait très-plaisant de brûler une maison pour enlever sa maîtresse. Quand j'eus fini de parler, elle me demanda si j'avais un cheval pour porter mes cordages et ma ferraille, et si je comptais sur une nuit de vingt-quatre heures pour exécuter mes grandes et nombreuses opérations. Je lui répondis que je me passerais fort bien de cheval, parce que tout mon équipage n'excéderait pas quarante livres, et qu'une nuit ordinaire me suffirait, parce que j'étais expéditif. « A la bonne « heure, dit-elle. D'ailleurs, si cette « affaire-ci tourne comme celle de la « sage-femme, il ne faudra pas beau- « coup d'adresse pour la conduire à sa « fin. »

Elle employa une partie de la journée à acheter ce qui m'était nécessaire pour commencer mes travaux. Sa petite cuisine ressemblait le soir aux forges de Vulcain. Du fer, du charbon, des réchauds de terre, une petite enclume, des tenailles, un marteau, une lime, Fanchon et moi au milieu de tout cela, soufflant, forgeant, battant, gâtant du fer, recommençant; c'était vraiment un abrégé du mont Etna.

J'avais mis deux ou trois baguettes de fer dans un état où le plus habile serrurier n'en aurait pu rien faire du tout. Mes mains étaient écorchées, je suais à grosses gouttes, je jurais, Fanchon s'impatientait. Elle recommença à souffler, je recommençai à forger, et je ne réussis pas davantage. Je jetai à l'autre bout de la cuisine mes tenailles et mon marteau; Fanchon donna un coup de pied au réchaud et le renversa. Je me jetai sur une chaise, Fanchon sur une autre; nous nous regardâmes, et nos deux figures barbouillées et refrognées nous firent partir ensemble d'un éclat de rire.

Je ne ris pas long-temps La liberté de Juliette dépendait de mon adresse; cette pensée suffisait pour me ranimer. Nous relevâmes le réchaud, nous rallumâmes le feu, je repris mes outils, j'essayai de nouveau avec aussi peu de succès. Je ne m'emportai plus; je m'affligeai sérieusement. Je ne voulus pas souper; je fus me coucher, et je ne fermai pas l'œil de la nuit.

Au point du jour je me levai, et je fis lever Fanchon. Nous rentrâmes dans ce malheureux atelier. Nous recommençâmes, nous nous opiniatrâmes : vains efforts. Il nous fut impossible de rien faire de passable. Je me désespérai; Fanchon perdit tout-à-fait sa gaîté, et nous rêvâmes dans un coin, chacun de notre côté. « J'irai « ce soir, m'écriai-je tout à coup, « sonner à la porte du couvent. — Ce « soir ! — Je forcerai la tourrière à « m'ouvrir la porte intérieure ; et le « pistolet au poing, j'arracherai cette « infortunée du pavillon. — Tout « cela ne se fait pas sans bruit ; le « jardinier acourra, il vous tuera. « — Tant mieux, je cesserai de souf- « frir. — Et que deviendra cette ten- « dre Juliette? » Ce mot fit l'effet du tonnerre. Je ne repliquai rien. Je marchai tristement vers la cuisine, je regardai mon ouvrage, je sentis mon impuissance, et je tombai dans un découragement absolu.

J'avais recommandé à la nourrice de m'apporter mon enfant tous les matins. Elle ne devait pas tarder à venir : Fanchon m'y fit penser. Je me lavai et je mis du linge blanc, pour n'être pas exposé à des questions embarrassantes.

Fanchon allait et venait par la chambre. Elle regardait le plafond en rongeant le bout de ses doigts ; elle trépignait, elle se dépitait : « Prenez
« du papier, me dit-elle enfin, dessi-
« nez - moi un de ces malheureux
« crochets à serrure ; je n'en ai jamais
« vu, et je n'en peux pas deviner la
« forme sur ce que vous avez fait-là.
« Dessinez, vous dis-je ; peut-être ces
« crochets ressemblent - ils à quel-
« qu'autre chose, qu'avec un peu de
« travail on rendra propre au même
« usage. — Je ne connais rien qui
« ressemble à cela. — C'est égal,
« dessinez toujours. » Je dessinai, et nous n'en fûmes pas plus avancés.

La nourrice entra, et je ne lui fis pas grand accueil. Elle fut s'asseoir auprès de Fanchon, qui, aussi vive

que moi, et cependant plus patiente, cherchait toujours sur mon dessin ce qu'elle n'y pouvait pas trouver. La nourrice, à qui on ne parlait pas, était mal à son aise. Pour ne pas perdre tout-à-fait contenance, elle jeta les yeux sur le papier qui fixait l'attention infatigable de Fanchon; et pour avoir l'air de dire quelque chose, elle me demanda si j'étais facteur d'instrumens. « De quels instrumens, lui dis-
« je ? — De chirurgie, répondit-elle.
« — Connaîtriez-vous cela, reprit
« vivement Fanchon ? — Parbleu !
« mon mari cautérise tous les jours.
« — Votre mari cautérise ! — Sans
« doute. N'est-ce pas un instrument
« à cautères qu'on a fait sur ce pa-
« pier ? » Quel trait de lumière ! quelle joie ! nous pouvions à peine nous contenir. Nous caressâmes le nourrisson et la nourrice ; nous la

fîmes déjeûner avec nous, et dès qu'elle fut sortie, Fanchon courut les quais. Elle acheta deux cautères chez un marchand, trois chez un autre, et enfin elle m'en rapporta une douzaine de toutes les formes et de toutes les grandeurs. Je respirai en les voyant; il n'y avait presque rien à faire. Je courbai un peu le bout, j'applanis les côtés avec une lime, je les essayai sur toutes les serrures du logement de Fanchon, et je vis avec transport qu'il n'y en avait pas qui pussent me résister. Fanchon s'était chargée de faire l'échelle de corde; et après quelques difficultés, elle réussit parfaitement. Je pris une verge à rideaux, je la cintrai par le milieu, je recourbai une des extrémités, je formai une espèce d'anneau, et voilà le crochet où je devais attacher mon échelle.

Ces préparatifs nous occupèrent

pendant six grands jours, au point que nous n'eûmes pas le temps de penser à autre chose. Le soir du sixième jour, Fanchon s'aperçut que ses fonds et les miens étaient totalement épuisés. Dès que la nuit fut close, j'allai chez mon correspondant. Il se plaignit de ne m'avoir pas vu depuis longtemps. Je répondis à ses politesses sans entrer dans aucun détail. Je pris cent louis, et je revins.

Le septième jour, il ne nous restait absolument rien à faire. C'est une terrible chose que l'oisiveté et des tête-à-tête de vingt-quatre heures entre un jeune homme et une jeune fille qui ont déjà franchi le premier pas! Je regardais Fanchon du coin de l'œil, Fanchon me regardait en dessous; son teint s'anima, mon sang s'enflamma, j'allai à elle, elle vint à moi... « Non, « mon ami, non, dit-elle, nous ne

« ferons pas de sottises; » et elle sortit brusquement, et elle rentra avec la nourrice. Elle tenait l'enfant dans ses bras; elle le mit dans les miens. « C'est l'enfant de Juliette, me dit-elle
« tout bas; embrassez-le ; c'est un re-
« mède sûr contre la tentation. » Elle garda la nourrice toute la journée, et le soir elle se hâta de se retirer dans sa chambre. Je la regardai au moment où elle y entrait; elle s'arrêta et me regarda. Je tournai la tête d'un autre côté, et elle ferma sa porte. Il y avait quelque mérite à nous vaincre; car elle était très-bien, et je n'étais pas mal.

Le huitième jour, Fanchon me dit d'un air très-raisonnable : « Voilà des
« provisions pour votre journée; vous
« la passerez seul, de peur qu'elle ne
« finisse mal. Je vous conseille d'es-
« sayer cette nuit à délivrer Madame :

« il faut nécessairement la mettre
« entre nous deux. Je serai ici à dix
« heures, et je vous aiderai à dispo-
« ser vos machines. » Elle sortit.

A peine fus-je seul, que l'idée de Fanchon s'évanouit devant le souvenir de Juliette. C'est ainsi que les premiers rayons du jour dissipent quelques ombres qui semblent encore leur disputer leur empire. Je me livrai à la douce espérance de me réunir bientôt à tout ce que j'aimais, et la journée ne dura qu'un moment.

Vers les neuf heures, je sentis quelqu'émotion. Si j'étais pris dans un couvens de filles, j'étais perdu sans ressources, le supplice m'attendait, et je ne pus penser, sans une sorte de frayeur, aux dangers que j'allais braver. Cependant si le succès couronnait mon entreprise, Juliette m'était rendue, et je ne pensai plus qu'à Juliette.

Je tirai de dessous des falourdes mon échelle, ma pince, mes crochets et mes autres instrumens. Je les rangeai sur une table; je les regardai d'abord avec complaisance: bientôt de nouvelles réflexions m'inspirèrent de nouvelles terreurs. En passant auprès de moi, on pourrait, malgré les ténèbres, distinguer ces instrumens du crime, qu'il me serait impossible de cacher entièrement sous mes habits. Je pouvais être arrêté avant d'arriver sous les murs du couvent. Alors quelle défaite employer, quel détour prendre? Les apparences seraient contre moi, et on croit plus aisément aux forfaits qu'à l'amour. Mon sang se glaça, une sueur froide me mouilla le visage, je balançai quelque temps; enfin je renonçai à mon entreprise, et je me jetai dans un fauteuil, absorbé, anéanti.

Une pluie horrible, mêlée de grêle, tomba tout à coup; elle fouaillait sur la porte et sur les vitres : ce fracas me tira de mon accablement, et le premier objet qui se présenta à ma pensée fut Juliette. « Quoi ! m'é-
« criai-je, je ne la verrais plus ! je
« renoncerais à elle pour la vie ! je
« l'abandonnerais au malheur qui
« l'opprime !... Ah ! ce supplice est
« le plus affreux de tous. La sauver,
« ou mourir, »

Fanchon rentra. La pluie lui avait fait prendre une précaution bien utile, et à laquelle je n'avais pas songé : elle m'apportait un manteau. « Il vous
« garantira, dit-elle, et il couvrira
« cette quantité de choses dont vous
« allez vous charger. — Partons, lui
« répondis-je; le temps nous favo-
« rise. Je prévois le péril; mais je m'y
« jette tête baissée. »

J'ouvris mon gilet, et je tournai autour de mon corps mon échelle et mes cordes; j'allumai ma lanterne, et je la mis dans une de mes poches; je mis dans les autres tout ce qu'elles purent contenir. Je me fis une ceinture et j'y passai mes pistolets. Fanchon tenait la pince droite sous son mantelet. Je pris le bâton à ma main, et nous sortîmes.

La pluie continuait à tomber avec violence. Je voulais prendre une voiture, Fanchon m'en empêcha; je formais un volume extraordinaire, et le cocher pouvait s'apercevoir de quelque chose : nous nous décidâmes à aller à pied. Dans un moment, Fanchon fut percée jusqu'à la peau, et nous allions toujours; nous traversions des ruisseaux rapides et profonds. Elle perdit ses souliers, et son ardeur ne se ralentit point. Le poids que je

portais, la vivacité de notre marche
m'échauffèrent bientôt; la chaleur du
sang se porta à ma tête et l'exalta,
j'arrivai sous les murs du jardin plus
déterminé que jamais.

Je repris la pince; je donnai mon
manteau à Fanchon, et je la laissai
dans l'enfoncement d'une porte cochère. Je ne vis personne dans la rue;
j'ajustai mon échelle, et je m'approchai de la muraille. La partie où je
me trouvais était couronnée par d'énormes branches d'arbres : je jugeai
qu'on n'avait pas construit une serre
en cet endroit. Je fixai mon échelle,
et je montai. J'écoutai; le plus profond silence régnait partout : je descendis, je fis quelques pas, et je me
trouvai dans un carré d'asperges; j'y
cachai mon échelle. J'écoutai encore;
même calme, même silence. Je cherchai ma lanterne, elle était froide. Je

la tirai de ma poche; elle s'était éteinte faute d'air, et j'étais dans les plus épaisses ténèbres. Je me rapprochai du mur; je le suivis à tâtons. Je sentis le volet d'une croisée, et mon cœur commença à battre avec une force extraordinaire. Je poursuivis, je tâtai; la fenêtre était fermée : je poussai doucement, elle résista. Je tournai le bâtiment, j'arrivai à la porte; elle était entr'ouverte. Je m'arrêtai, tremblant, irrésolu; j'invoquai Juliette, je pris un de mes pistolets, et je me jetai dans la serre. Je tombai sur le lit; il n'y avait personne. Je cherchai le fusil, je ne le trouvai point; je sortis de la serre, et je m'avançai dans le jardin. Je marchais au hasard, et je m'égarai; je me heurtai contre le banc de pierre sur lequel je m'étais assis la première fois que j'entrai dans le couvent, et je sus où j'étais.

Une lumière frappa ma vue; elle venait droit à moi : je me mis ventre à terre. La lumière suivait toujours la même direction; elle approchait, et je me traînai sur mes genoux et sur mes mains jusques sous des arbustes qui étaient à quelques pas. Bientôt je distinguai deux religieuses qui faisaient leur ronde; elles étaient accompagnées du jardinier, qui tenait son fusil prêt à tirer : ils passèrent à deux pieds de moi, et la clarté de leur lanterne se porta sur les murs du pavillon que j'aperçus à peu de distance. Ils passèrent et entrèrent dans un verger. Je me levai, et je courus au pavillon; j'arrivai à la porte; celle-ci n'était pas ouverte; je pris mes crochets. En cherchant la serrure, je rencontrai une forte bascule de fer; je la levai et la porte s'ouvrit : j'enfilai un passage qui me conduisit à l'esca-

lier. Je montai, je tâtai de nouveau à droite et à gauche, et je passai devant plusieurs chambres qui me parurent bien fermées. J'éprouvai un embarras que je n'avais pas prévu. Laquelle ouvrir? quelle était celle de Juliette? Je n'osai pas l'appeler, de peur d'éveiller quelque autre sœur qui pouvait être couchée dans ce bâtiment. J'allai, je revins, j'écoutai, j'entendis des accens plaintifs, et aussitôt j'appliquai successivement plusieurs crochets : la serrure céda; je me croyais au comble de mes vœux; une seconde porte m'arrêta. De ma vie je n'éprouvai un sentiment si pénible. « Venez-vous me
« délivrer, me dit-elle bien bas, à
« travers cette porte? — Oui, répon-
« dis-je, très-bas aussi. — Tirez le
« verrou, il n'y a pas de serrure. »
Nous nous cherchions l'un l'autre; nos mains se rencontrèrent bientôt. Je

l'entraînai derrière moi le long du corridor, nous sortîmes du pavillon, nous traversâmes le jardin, et je ne vis plus la lanterne. Les arbres formaient une masse d'ombres plus épaisses que les ténèbres ordinaires; je marchai de ce côté, et je me retrouvai dans le plant d'asperges. Je cherchai mon échelle, mes pieds s'embarrassèrent dans des cordes. Tel était le désordre de mes idées, que je me demandais ce que ce pouvait être; c'était mon échelle elle-même, que je pris et que j'appliquai à la muraille. Je montai le premier, je l'aidai à monter après moi; je la soutins d'une main sur le haut du mur, pendant que de l'autre je passais l'échelle dans la rue. Elle descendit, Fauchon la reçut, et je descendis après elle.

Je pris son bras. « Viens, lui dis-je,
« viens, éloignons-nous avant qu'on

« ne s'aperçoive de ta fuite.—Grand
« Dieu! ce n'est pas lui, s'écria une
« femme dont la voix m'était incon-
« nue. —Ciel! ce n'est pas Juliette,
« m'écriai-je à l'instant. — C'est la
» grande blonde, reprit Fanchon en
« la regardant de très-près.—Au nom
« de Dieu, ne me livrez pas, ne m'a-
« bandonnez pas, nous dit cette jeune
« personne. —Ne craignez rien, lui
« répondis-je; mais dites-moi, je vous
« en supplie, où je trouverai ma Ju-
« liette.—Dans la chambre qui touche
« à la mienne. » Je remontai à la muraille. La nuit s'avançait; Fanchon
voulut me retenir. « Laissez-moi, lui
« dis-je, demain il sera trop tard. L'é-
« vasion de Mademoiselle fera du
« bruit; on redoublera de vigilance,
« on prendra de nouvelles mesures,
« je ne pourrai pas pénétrer, ou je ne
« la trouverai plus. » Je descendis

dans le clos, désespéré de ce fatal contre-temps : il y avait de quoi perdre la tête. Je regagnai le pavillon ; j'arrivai à la porte de Juliette ; j'allais l'ouvrir, quand j'entendis celle d'en-bas qu'on fermait à double tour. On monta en parlant de l'étonnement où on était de l'avoir trouvée ouverte. Bientôt j'aperçus la réverbération de la lumière. Éperdu, hors de moi, je ne savais quel parti prendre. J'entrai dans la chambre de la grande blonde. Je me jetai sous son lit.

Les deux sœurs poussèrent un cri en voyant encore cette chambre ouverte. Elles montèrent sur le lit même sous lequel j'étais ; elles ouvrirent la croisée et appelèrent le jardinier. Le jardinier, trop éloigné sans doute, n'entendit point, et ne répondit pas. Elles descendirent en appelant plus fort ; elles ressortirent du pavillon, et

je les entendis remettre la bascule. Je me repentis alors de ne les avoir pas contenues; mais il n'était plus temps. Je ne me possédais pas. J'étais dans un état impossible à décrire. « Inspi-
« rez-moi, mon Dieu! m'écriai-je;
« mon Dieu, secourez-moi. » Juliette reconnut ma voix, et m'appela. Je volai à sa chambre; j'essayai cinq à six crochets avec précipitation. Plus je me hâtais, moins cette porte s'ouvrait. Déjà j'entendais dans le jardin l'organe rond du jardinier. On allait rentrer dans le pavillon; je n'avais plus qu'un moment. J'insinuai ma pince entre la porte et le chambranle; je donnai une secousse violente, et je fis sauter la serrure. J'ouvris le verrou de la seconde porte, je jetai ma pince, je me saisis de Juliette, je m'armai d'un pistolet, et j'allais le mettre sur la gorge du premier qui

se présenterait. Juliette m'arrêta. « Tu
« seras toujours maître, me dit-elle,
« d'en venir à cette fâcheuse extré-
« mité. » Elle me poussa dans son
lit, elle se coucha par-dessus moi, et
me couvrit de tout son corps. On entra dans la chambre voisine. « Elle
« est partie, dit le jardinier. — Elle est
« partie ! reprirent les sœurs. Qu'al-
« lons-nous faire ? comment annon-
« cer cela à Madame ? Voyons du
« moins si miss Tillmouth est chez
« elle. » A ces terribles mots, Juliette
me serra dans ses bras, comme s'ils
eussent pu me cacher ou me défendre.
« Encore une chambre ouverte, s'écria
« une sœur! Répondez, Miss; êtes-
« vous là ? — J'y suis, dit Juliette,
« d'une voix tremblante. » Le jardinier entra ; il tenait toujours son fusil
à la main. Il regarda sous le lit, dans
une petite armoire ; il remua forte-

ment les grilles de la croisée. « On « n'a rien fracturé, dit-il, et il n'y « a personne ici. Voyons ailleurs. » En sortant ils trébuchèrent sur ma pince, et la ramassèrent. Ils remirent le verrou de la première porte, raccommodèrent, avec ma pince même, la serrure de la seconde, la fermèrent à deux tours, et continuèrent leurs recherches.

Pendant quelque temps il se fit un bruit continuel dans le pavillon. On montait, on descendait, on se récriait sur la singularité de cet événement; on n'y comprenait rien. Bientôt le jardin fut éclairé par un certain nombre de flambeaux. Je montai à la croisée. Je vis douze à quinze religieuses et cinq à six hommes armés, qu'à leurs habits je jugeai être des ouvriers habitués dans la maison. Ils se dispersèrent dans les différentes parties de l'enclos. Tout à coup une voix s'écria : « Voilà une échelle de cordes. » On se rassembla, et, à la clarté des flambeaux, je distinguai mon échelle qui passait de main en main. « Tout « est perdu, dis-je à Juliette. Je n'ai « plus d'échelle, je n'ai plus de pince ; « comment sortir d'ici ! » Nous nous jetâmes dans les bras l'un de l'autre, et nous fondîmes en larmes. Jamais, peut-être, deux infortunés ne s'étaient trouvés dans une situation aussi désespérante.

Le jour parut enfin. Je commençai à distinguer les traits adorés de Juliette ; je la contemplais avec avidité. Qu'on se figure de quel étonnement je fus frappé ; elle n'était point accouchée.

Les obstacles se multipliaient à chaque instant : l'état de Juliette me parut le plus cruel de tous. Je ne pouvais plus la sortir que par la porte de la rue.

Nous entendîmes un bruit de clefs dans le corridor. Je crus devoir me cacher jusqu'à ce que nous nous soyons décidés à quelque chose. On avait regardé sous le lit, dans l'armoire. Je sautai dans la cheminée. Juliette me sontint, et je me cramponai avec les genoux, les coudes et les reins. On entra chez elle; on lui apportait son déjeûner. On ressortit, et par hasard je regardai en haut. La cheminée n'était pas barrée, et je continuai à monter. « Que fais-tu? où « vas-tu? me disait Juliette. — Cher- « cher les moyens de te sauver. — Tu « exposes ta vie! — Oui, mais je l'ex- « pose pour toi. — Descends, je t'en « conjure. — Non, je ne laisserai pas « plus long-temps ici ma femme, « mon amante, ma vie. J'essaierai

« tout, je tenterai tout. Si mes efforts
« sont inutiles, je redescendrai, je par-
« tagerai tes alimens, ton lit, ta pri-
« son, et je serai heureux encore. »
Elle m'envoya cent baisers. C'est tout
ce qu'elle pouvait; nous ne nous touchions plus. Je parvins au haut de la
cheminée avec des peines incroyables;
mais j'y parvins. Le pavillon était dominé par des arbres élevés, et je ne
pouvais pas être aperçu des maisons
voisines. J'étais privé d'une partie essentielle de mes moyens; mais il me
restait encore mes crochets, mes armes et mon courage.

On sonna l'office; je sortis ma tête,
et je vis les religieuses, les sœurs de
garde et le jardinier se rendre à l'église. « Je peux agir, au moins, pen-
« dant une heure, me dis-je. Avan-
« çons. » Je descendis sur le toit, je
m'assis, et je me traînai jusqu'à une

lucarne qui n'était pas très-éloignée. On avait négligé d'y mettre des barreaux, et j'entrai dans un grenier. J'y trouvai quelques paniers d'osier, et une pile de planches, derrière lesquelles je pouvais me retirer; mais je n'avais pas pénétré jusque-là pour m'y arrêter. Je descendis jusqu'à la porte du jardin; elle n'était pas fermée à clef, mais la bascule était mise; je ne pus pas sortir du pavillon. J'aperçus près de cette porte un petit escalier qui tournait sous le bâtiment. Je descendis encore, et je me trouvai dans une cave obscure et profonde. Je la parcourus : elle ne renfermait que quelques futailles vides. J'en comparai la grosseur à la largeur de l'escalier, et je sentis que ce ne pouvait pas être par là qu'on les avait entrées; il y avait donc une autre issue. Je marchai, et j'arrivai à un passage, au bout duquel étaient dix à douze marches qui conduisaient à une porte coupée, par-dessus laquelle je voyais les arbres du jardin; en face de moi était une autre porte soigneusement fermée. Je rassemblai des idées confuses sur les localités, et il me sembla que cette seconde cave pouvait s'étendre vers la rue, en passant sous le corps de logis. Je l'ouvris, et je fus saisi par l'éclat imprévu d'une lumière. C'était une lampe suspendue à la voûte, dont la flamme pâle et vacillante éclairait des tombeaux. Les cérémonies des funérailles ne se faisaient point sans doute du côté par où j'étais entré. Le caveau devait être sous l'église, et communiquait probablement avec le chœur. Je regardai autour de moi, et j'entrevis dans le lointain de larges degrés, bordés d'une double rampe de fer. Je traversai le caveau, et je montai les degrés. Je fus arrêté par une trappe. Je balançai à la lever. Cependant je présumai qu'on était sorti de l'office, et ce n'était qu'en hasardant beaucoup que je pouvais réussir à quelque chose. Je me ployai en deux, et roidissant mes jarrets et mon dos, j'essayai de soulever la trappe; elle résista long-temps. Je persévérai, je redoublai d'efforts, et elle s'ébranla. Je la levai enfin, et je montai dans une petite cour environnée de tous côtés de bâtimens, et de murailles très-élevées. On n'avait pas ouvert de croisée sur cette cour, et j'examinai à loisir ce qui était à ma portée. Je vis un cylindre auquel était attaché une corde qui servait à lever la trappe; plus loin, un tas de pavés, et enfin deux portes qui fixèrent toute mon attention. L'une donnait dans un bâtiment quelconque. L'autre était percée dans un mur isolé. Je m'approchai de cette dernière, je regardai à travers les fentes..... O surprise ! ô ravissement ! elle ouvrait sur la rue.

Je descendis les degrés, je tirai la trappe après moi. Je sortis précipitamment du caveau, j'en refermai la porte, et je rentrai dans la première cave, enchanté de ce que j'avais découvert. « Cette Juliette, me disais-
« je ; cette Juliette dont je me suis
« rapproché par tant de peines, pour
« qui j'ai couru tant de dangers ; cette
« Juliette va m'être rendue, et c'est
« d'elle que je recevrai le prix de mes
« travaux. »

J'entendis une autre cloche, qui vraisemblablement était celle du réfectoire. J'ignorais le temps qu'on donnait aux repas, et je connaisais la durée ordinaire des offices. Je savais, depuis le matin, que tous les gens de la maison y assistaient, et je résolus de rester où j'étais jusqu'à ce qu'on sonnât les vêpres. Je m'assis entre deux futailles. Je m'y tins immobile pendant deux grandes heures, livré à ce qu'une imagination ardente me présentait tour à tour de consolant et de cruel. Une foule d'idées contradictoires s'amoncelaient, se heurtaient dans ma tête. Je passais, sans interruption, de la crainte à l'espoir, du plaisir à la douleur. La cloche fit enfin retentir les airs, et ces sons, si long-temps attendus, parvinrent jusqu'à moi.

Quand je crus que tous nos surveillans étaient réunis à l'église, je courus à la chambre de Juliette. « Suis-
« moi, lui dis-je, suis-moi ; l'heure
« de ta délivrance a sonné. » Elle frissonna à la seule proposition d'exécuter en plein jour un dessein aussi hardi. «Suis-moi, repris-je avec force,

« Ils sont maintenant dans une sécu-
« rité entière, et cette nuit ils veil-
« leront. » Je l'entraînai : sa main tremblait dans la mienne. Nous traversâmes les corridors, la première cave, et nous entrâmes dans le cimetière souterrain. Je le refermai sur nous, et je cassai un de mes crochets dans la serrure pour n'être pas surpris par derrière. A l'aspect de ces tombeaux, tristement éclairés par une lampe sépulcrale, Juliette fut saisie d'un sentiment d'horreur. « Les morts
« dorment en paix, lui dis-je ; je vis, et
« je vis pour toi. Marchons. » A peine eûmes-nous fait quelques pas, qu'un bruit soudain me fit tressaillir. On leva la trappe ; j'entendis s'avancer un grand nombre de personnes ; un chant d'église frappa mon oreille. Je me sentis sans force et sans haleine ; j'étais glacé comme les restes inanimés que

je foulais aux pieds. Il m'était impossible de rouvrir la porte par où nous étions entrés : nous ne pouvions plus rétrograder. L'extrême danger me fit subitement passer de la crainte à la témérité. Je m'avançai le pistolet à la main, prêt à verser du sang, puisque je ne pouvais plus l'épargner. Juliette tomba sur ses genoux; je ne pus pas m'éloigner d'elle. Des prêtres récitant l'office des morts, un cercueil, les religieuses, les sœurs converses, le jardinier, la tourrière, portant tous des flambeaux allumés, entrèrent dans le souterrain, et y répandirent une clarté qui m'inspira un nouvel effroi. Ils s'avancèrent, et je reculai en soutenant Juliette. La fosse qu'on avait ouverte se rencontra derrière nous; nous y tombâmes l'un et l'autre, et Juliette s'évanouit. Le cortége s'approcha. Poussé au dernier désespoir, je jurai de mourir au moins les armes à la main, et je me relevai tout à coup. Ceux qui environnaient la fosse crurent voir un fantôme. Ils jetèrent un cri perçant, et se renversèrent les uns sur les autres. Je reconnus leur erreur, elle m'enhardit, et j'en profitai. Je tirai deux coups en l'air, et tous tombèrent la face contre terre. Je saisis mon second pistolet. « Mort, m'écriai-je « d'une voix terrible, mort à quiconque osera lever les yeux. » L'épouvante était au comble. Je pris Juliette, je la portai au haut des degrés, je baissai la trappe, et je la chargeai de tous les pavés qui étaient dans la cour.

Au milieu de ces horreurs, je conservai encore quelque présence d'esprit. Je remarquai que la porte qui conduisait dans la rue paraissait n'avoir pas été ouverte depuis long-temps.

Si je sortais par là, je donnerais infailliblement des soupçons à des voisins, qui pouvaient être à redouter autant que les gens de l'intérieur. Je me décidai à chercher le logement de la tourrière, qui ne pouvait pas être éloigné. Il ne me restait plus d'ennemis dans la maison : je les avais tous enfermés dans le souterrain, du moins je le croyais. Juliette reprit ses sens, elle s'appuya sur moi, et nous entrâmes sans défiance dans le bâtiment, dont la porte était ouverte. Nous trouvâmes la sacristie, d'où nous passâmes dans le chœur. Une fausse porte était pratiquée dans les lambris à côté de la grande grille, et la clef était dessus. J'ouvris, et nous arrivâmes par un couloir entre la grande porte d'entrée et celle qui fermait l'intérieur du couvent. « Eh bien ! ma sœur, votre
« enterrement est-il fait ? M'amène-

« rez-vous enfin miss Tillmouth au « parloir, dit quelqu'un dont la voix « ne m'était pas inconnue? » En même-temps un lâche, un infâme, un monstre parut sur le seuil du logement de la tourrière. C'était le curé de Saint-Étienne-du-Mont. Mon sang s'alluma, la rage m'égara; je lui tirai un coup de pistolet; l'arme ne prit point. J'ajustai mon second coup; le perfide se retira dans la chambre de la tourrière, et voulut s'y enfermer; je le prévins, et je le renversai avec la porte. Il se releva avant que je pusse le saisir, il s'arma d'un long couteau qui était sur la table, et il s'élança sur moi. Je n'eus que le temps de parer les premiers coups avec mon pistolet : ils étaient si prompts, qu'il me fut impossible de tirer, et heureusement je ne tirai pas, j'aurais été entendu de la rue. Nous nous saisîmes corps à corps. La fureur, la soif du sang étaient égales des deux côtés. Il n'avait encore rien perdu de sa force, mais j'avais toute la mienne. Je le terrassai, je lui arrachai son couteau, et je levai le bras pour l'en frapper. Juliette voulut me retenir; vains efforts. Il me demanda bassement la vie. « Me l'aurais-tu donné? La voilà « cette Juliette que tu as tant con- « voitée, et dont tu ne jouiras jamais. « C'est à elle, c'est à la vertu, c'est « à moi que je t'immole; » et je lui enfonçai le couteau dans le sein.

La vengeance n'est plus douce après qu'on s'est vengé. Je détournai la vue, j'ouvris enfin la porte de la rue. Nous sortîmes en affectant un calme que nous étions bien loin d'éprouver. Je tirai la porte après moi; la serrure était saillante; elle se ferma.

Juliette chancelait, elle pouvait à

peine se soutenir à l'aide de mon bras, et je la pressais tout bas de se faire violence, au moins jusqu'au détour de la rue. Ceux qui passaient près de nous s'arrêtaient. Les uns me suivaient des yeux, les autres continuaient leur route, tous me faisaient frissonner. La violation d'un couvent, le meurtre d'un prêtre, m'envoyaient à la roue, et j'étais innocent. Quelles réflexions, quels tourmens, quel état ! Je m'aperçus enfin que mes habits, couverts de boue et de suie, faisaient, avec la mise décente de Juliette, un contraste qui n'était que trop remarquable. « Je ne peux pas te donner
« le bras dans l'état où je suis, lui
« dis-je; tâche de me suivre à quel-
« ques pas de distance. » Elle était d'une faiblesse extrême ; nous n'avancions pas. Je passai devant la boutique d'un fripier. J'y entrai pour y changer

mes habits, et lui donner le temps de se remettre un peu. Elle reprit mon bras, et je la conduisis doucement jusqu'à la place Saint-Michel, où je croyais trouver des voitures. Elles étaient toutes en course, et il fallut se traîner à pied jusqu'à la rue du Mail, malgré la fatigue et le danger d'être reconnus.

Nous arrivâmes enfin devant la boutique de Fanchon. Elle était fermée. « Frappe, dis-je à Juliette, qui
« ne savait pas encore où je la menais,
« frappe; si elle est sortie, je vais
« tomber ici; il m'est impossible
« d'aller plus loin. » Elle frappa, on n'ouvrit point; elle frappa plus fort, personne ne répondit. « Nomme-toi,
« lui dis-je, peut-être craint-elle
« d'ouvrir. » Elle se nomma à demi-voix par le trou de la serrure. Aussitôt une inconnue entr'ouvrit la porte;

nous entrâmes, et je me laissai aller sur un fauteuil, brisé, moulu, à demi-mort d'inanition.

CHAPITRE III.

Départ de Paris.

Juliette et l'inconnue s'empressèrent autour de moi, et me prodiguèrent des secours. Juliette m'offrait les alimens dont j'avais un pressant besoin; sa main bienfaisante me rendait à la vie en me rendant à l'amour. « Pauvre malheureux! comme il a « souffert, » disait-elle assise sur le même fauteuil, son bras passé sous le mien, sa joue contre la mienne. « Crois-tu que je m'en souvienne, lui « répondis - je? Je te vois, je te tou- « che, à quoi puis-je penser qu'à toi? « — Vous êtes heureux, nous dit « l'inconnue, et je vous dois l'espoir

« de l'être bientôt à mon tour. Je
« reverrai aussi mon ami; j'oublie-
« rai tout auprès de lui. »

Je rassemblai différens souvenirs, et je pensai à la grande blonde que j'avais tirée du pavillon. « C'est moi, « me dit-elle, c'est moi qui vous « dois tout, et qui ne peux rien « pour vous; mais vous avez un « cœur, cherchez-y votre récom- « pense. »

Elle nous raconta qu'elle aimait un homme du plus rare mérite. Elle avait résisté long-temps aux prières et aux menaces de sa famille; mais il avait fallu céder enfin à l'abus de l'autorité : elle s'était laissée ensevelir dans un cloître.

La veille du jour où elle devait mourir au monde, elle avait reçu son amant chez elle. Ils s'étaient ou-- bliés.... Et tel était le malheur de cet homme estimable, que la crainte de devenir père le consumait en secret.

Elle vivait au milieu des religieuses dont elle allait être la compagne, insensible à leurs caresses et tout entière à son amour, quand elle me fit parvenir le billet de Juliette. Le lendemain elle était revenue sous les croisées du pavillon, elle avait chanté encore, et Juliette lui avait jeté un second billet. On la surprit, on voulut lui arracher ce papier, elle le mit en morceaux. On n'attendait qu'un prétexte pour user de violence et forcer ses irrésolutions. On se plaignit à son père; il donna des ordres rigoureux. Elle fut enfermée dans le pavillon, pour n'en sortir qu'au moment où elle prononcerait ses vœux.

« Quoi! lui dis-je, vous me parlez
« de reconnaissance quand vous avez
« les droits les plus vrais à la mienne!

« — Quoi! poursuivit Juliette, vous
« avez passé dix jours auprès de moi
« sans me rien dire de votre situation!
« Partager nos chagrins c'eût été les
« alléger. — Savais-je, répondit-elle,
« que cette Juliette, à laquelle je
« parlais à travers une épaisse cloison,
« était celle dont j'avais reçu les bil-
« lets? J'étais défiante, parce que j'é-
« tais malheureuse : une confidence
« déplacée pouvait me rendre plus
« malheureuse encore. » Elle ajouta
que le jour même où on l'avait si in-
humainement resserrée, elle venait
de gagner un ouvrier qui lui avait
apporté une lettre de son amant. Il
était décidé à fuir avec elle; ce con-
tretemps fatal avait détruit tous leurs
projets. « Et cet enfant, lui dit Ju-
« liette, cet enfant que j'ai entendu
« naître entre des verroux et des
« grilles?— Cet enfant est le mien,

« répondit-elle en baissant les yeux.
« Des chagrins cuisans, les précau-
« tions que j'avais prises pour cacher
« sept mois ma grossesse, ont avancé
« sa naissance. Je le croyais perdu
« pour son père et pour moi, conti-
« nua-t-elle en m'adressant la parole;
« vous me l'avez rendu, je l'ai em-
« brassé, c'est le plus grand de vos
« bienfaits. Vous savez le reste. Vous
« êtes entré dans le pavillon, je vous
« ai entendu. Je ne concevais pas
« quels moyens on avait employés
« pour ma délivrance; mais on croit
« facilement ce qu'on espère. J'atten-
« dais mon amant, et quand vous
« avez pris ma main j'ai cru tenir
« celle de M. de Cervières. — De
« M. de Cervières! m'écriai-je; vous
« êtes mademoiselle d'Hérouville !
« — Et vous êtes ce sensible Happy
« dont Fanchon m'a tant parlé ! —

« Fanchon! reprit Juliette. — Qu'est
« devenue cette pauvre fille, deman-
« dai-je à mademoiselle d'Hérou-
« ville? » Elle me répondit qu'elles
avaient passé la nuit ensemble sous les
murs du couvent à m'attendre et à
se désoler. Fanchon, mouillée, sans
souliers, transie de froid, avait été
obligée enfin de venir se changer; elle
avait laissé mademoiselle d'Hérouville chez elle, l'avait priée de l'attendre, était retournée au couvent,
et n'avait pas reparu depuis le matin.
Juliette ne conprenait rien à tout cela.
je lui contai ce que Fanchon avait fait
pour nous, à certaines choses près,
qu'il était au moins inutile de lui
dire.

Une voiture s'arrêta à la porte, et
nous nous enfuîmes tous les trois dans
la cuisine. Fanchon entra en chantant
le couplet du jour. « Eh bien! où

« sont-ils donc? dit-elle. Craignent-ils
« jusqu'à leurs amis? » Elle embrassa
Juliette avec des marques de considérations qui me flattèrent, et elle me
parla avec une réserve dont je lui sus
bon gré. Elle nous apprit ensuite ce
qui s'était passé au couvent après que
nous en fûmes sortis. « Dès qu'il a
« fait grand jour, nous dit-elle, je me
« suis éloignée des murs du jardin;
« vous ne pouviez plus vous échap-
« per par là. J'ai couru les alentours
« de la maison, en évitant d'être vue
« de la tourrière, qui pouvait me
« jouer un mauvais tour, en recon-
« naissance de la niche que nous lui
« avons faite avant-hier. J'ai passé la
« journée à aller et venir, à regarder,
« à tempêter. Fatiguée enfin d'être
« sur mes jambes, je suis entrée dans
« le cabaret en face de la grande por-
« te, et je me suis clouée à une croi-

« sée, entre une tranche de jambon
« et une bouteille de Bordeaux que
« j'avais demandés pour la forme.
« Bientôt une foule innombrable s'est
« rassemblée devant la porte du cou-
« vent. J'ai tremblé pour vous, et
« pourtant j'ai demandé ce que c'é-
« tait.... Vous êtes un habile homme;
« vous n'avez pas seulement eu l'adres-
« se de tuer votre curé. — Qu'il vive,
« répondis-je, et qu'il se repente.
« — C'est cet animal-là, répondit
« Fanchon, qui causait toute la ru-
« meur. Il s'était traîné à la croisée, et
« il avait demandé du secours. On a
« sonné pendant une demi-heure, et
« personne n'est venu à la porte. On
« a pris le parti de l'enfoncer, et on
« n'a trouvé dans la maison que quel-
« ques pensionnaires qui ne savaient
« pas ce que les autres étaient de-
« venues. Plus de religieuses, plus

« de sœurs, plus d'aumônier, plus de
« jardinier, plus de tourrière. Tout
« cela restait à perpétuité dans le sou-
« terrain, si ce maudit curé n'avait
« balbutié quelques mots sur je ne
« sais quel enterrement. On a couru
« à la trappe, on est descendu dans
« le caveau, et on a trouvé les vivans
« et les morts pêle-mêle, et ne valant
« pas beaucoup mieux les uns que
« les autres. Jugez du bruit que tout
« cela a fait dans le quartier; mais
« jugez de ma joie quand j'ai su que
« le curé avait dit au commissaire qui
« est venu recevoir sa déclaration,
« qu'il avait été assassiné par un scé-
« lérat qu'il voulait empêcher d'enle-
« ver une Anglaise, et qui venait de
« s'enfuir avec elle. J'ai laissé le curé,
« les nones et le commissaire s'ar-
« ranger entre eux comme bon leur

« semblera. Je suis partie, et me
« voilà. »

Juliette la félicita sur la manière dont elle prenait les choses, et la remercia très-affectueusement des peines qu'elle s'était données. « Ce n'est
« pas tout, dit Fanchon, je ne suis
« pas au bout de mes courses. Vous
« êtes deux; mais voilà une belle de-
« moiselle qui est seule, et la solitude
« ne lui vaut rien. Je demande grâce
« pour aujourd'hui; vous convien-
« drez qu'il m'est permis d'être fati-
« guée. Mais demain au point du jour
« j'irai chez M. de Cervières, qui ne
« s'attend pas au réveil que je lui gar-
« de. Nous nous occuperons ensuite
« de certains arrangemens qui vous
« concernent, Mesdames et Mon-
« sieur; car malgré ma bonne vo-
« lonté, vous ne pouvez pas rester
« ici : cette dernière avanture va

« mettre à nos trousses tous les limiers
« de la police. Pensons d'abord au
« souper, et amusons-nous; nous
« réfléchirons quand le moment sera
« venu. »

Elle donna du papier et de l'encre à Mademoiselle d'Hérouville. « Ecrivez,
« lui dit-elle; écrire à ce qu'on aime,
« c'est tromper l'ennui de l'absence.
« Pour vous deux, je n'ai pas de con-
« seils à vous donner. Ce que je peux
« faire de mieux, c'est de vous lais-
« ser ensemble. » Et en effet elle nous laissa. Juliette me tira sur ses genoux; nous voulûmes parler affaires, nous ne pûmes parler qu'amour. Mademoiselle d'Hérouville écrivait, Fanchon faisait la cuisine, comme elle faisait tout, en riant et en chantant; tout le monde était occupé, tout le monde était content; et le plaisir du moment fit disparaître la crainte du lendemain.

Nous soupâmes très-gaîment. Fanchon faisait des contes; Mademoiselle d'Hérouville riait quelquefois; Juliette et moi, nous répondions de travers, parce que nous avions notre conversation particulière qui valait bien la conversation générale. « Je « vais les faire répondre juste, dit « Fanchon à Mademoiselle d'Hérouville. A quelle heure vous couchez-« vous ? — Tout de suite, lui répon-« dis-je. » Juliette ne dit rien; mais elle me regarda.... Oh quel œil ! il dit, demande, et promet tout.

Nous nous couchâmes; mademoiselle d'Hérouville avec Fanchon, et moi.... Comme elle sut me payer de ce que j'avais fait pour elle! Une femme aimante est le premier des biens; c'est le chef-d'œuvre de la nature.

Je fus réveillé en sursaut par des

embrassemens si répétés et si forts que je ne sus d'abord qu'en penser. C'était M. de Cervières, qui n'avait pu contenir sa joie, et qui, sans plus de façons, était entré dans notre chambre pour me donner des marques de sa reconnaissance. Je me levai, et pendant que nos dames se mettaient en état de paraître, nous passâmes dans la boutique. Les passions sont les mêmes dans tous les hommes. M. de Cervières avait oublié la gravité magistrale, et il déraisonnait comme un sous-lieutenant de dragons : tôt ou tard il faut payer le tribut à la nature. Mademoiselle d'Hérouville, une moitié de ses vêtemens sur elle et l'autre dans ses mains, accourut se joindre à nous. Je compris d'abord que Fanchon leur avait ménagé un tête-à-tête, et qu'ils s'étaient déjà *dit bien des choses*. Cependant si la conversation prit un autre tour, elle n'en fut pas moins animée. Ces deux jeunes gens étaient faits l'un pour l'autre, et je m'applaudis sincèrement d'avoir contribué à leur réunion.

Juliette entra. Elle estimait M. de Cervières ; elle le revit avec plaisir, et il lui dit mille choses affectueuses et honnêtes. « La première fois que je
« vous vis, continua-t-il, je pénétrai
« le secret de vos amours, et Mylord
« est peut-être le seul qui ait pu s'y
« tromper. Je n'ai jamais douté de-
« puis, que vous fussiez avec Mon-
« sieur ; et je suis bien aise que vous
« ayez préféré le bonheur à l'ambition
« et à la fortune. »

Nous nous assîmes tous les quatre, et nous tînmes conseil sur le parti que nous allions prendre. M. d'Hérouville, d'un côté, et le curé de l'autre, étaient deux ennemis également à craindre.

Nous connaissions leur activité et leur crédit ; il fallait leur échapper ou vivre dans des inquiétudes continuelles. « Juliette a une somme assez forte, « dis-je à M. de Cervières ; réalisez « votre fortune, et fuyons avec nos « femmes et notre or. Nous trouve- « rons une terre libre où on ne nous « demandera pas compte de nos affec- « tions. » Cette idée fut d'abord unanimement adoptée. Cependant le prudent Cervières ne fut pas long-temps à sentir les inconvéniens de ce projet. « Votre signalement, me dit-il, et « celui de mademoiselle d'Hérouville, « seront infailliblement envoyés dans « les ports de mer et aux villes fron- « tières. Il est possible cependant d'ar- « river en pays étranger ; mais aussi, « si vous étiez reconnu, dans quel « abîme de maux ne vous trouveriez- « vous pas replongés ? Mademoiselle

« d'Hérouville n'a à redouter que son
« père, et vous avez encouru la sévé-
« rité des loix : la pureté de vos in-
« tentions ne vous sauverait pas. Il
« faut sans doute quitter Paris ; mais
« il faut rester au centre de la France.
« J'ai un ami solide et vrai. Il pos-
« sède une assez jolie terre dans les
« environs de Saumur : vous vous
« retirerez là. — Vous vous retirerez
« là, interrompit mademoislle d'Hé-
« rouville, d'un petit air boudeur !
« Et vous, monsieur? — Je ne veux
« plus vous perdre, ma bonne amie,
« et pour cela il faut être prudent.
« Votre père aura les yeux ouverts
« sur ma conduite : il faut détourner
« les soupçons. Je resterai quelque
« temps à Paris, je me répandrai dans
« le monde, je chercherai les moyens
« de faire prendre à nos affaires com_
« munes une tournure moins désa-

« vantageuse. La saison où je vais à
« la campagne n'est pas très-éloignée;
« on ne remarquera pas alors mon
« absence, on me croira dans mes
« terres, et je serai avec vous. » Mademoiselle d'Hérouville n'était pas du tout d'avis de se séparer de M. de Cervières; mais Juliette lui parla si raisonnablement, si fortement, qu'elle fut obligée de céder.

M. de Cervières se chargea de faire acheter une berline. On convint qu'on prendrait les chevaux et le cocher de son ami. Mademoiselle d'Hérouville, grande et svelte, devait se mettre en homme, et passerait pour le frère de Juliette; nous prendrions des noms supposés, nous partirions sans délai, et on laisserait l'enfant chez sa nourrice, sous la surveillance de Fanchon.

M. de Cervières se disposa à nous

quitter. Il voulait prévenir son ami des arrangemens que nous venions de prendre, et il nous engagea à l'y aller joindre le soir. le Logement de Fanchon était continuellement ouvert au public, et il pouvait être dangereux de s'y arrêter plus long-temps. A la seule idée de ne revoir M. de Cervières que le soir, mademoiselle d'Hérouville fit encore une petite mine si expressive, si jolie, si touchante! Elle fut remarquée ; c'était ce qu'on voulait. « Et
« comment faire, lui dit le bon Cer-
« vières? Je suis connu. Si je viens ici
« deux fois dans la journée, on y
« fera attention, et les circonstan-
« ces exigent une extrême circons-
« pection. — Je m'envelopperai dans
« mes coiffes, Fanchon m'accom-
« pagnera, je vous suivrai de loin,
« de très-loin. J'arriverai chez votre
« ami un grand quart d'heure après

« vous ; c'est plus qu'il n'en faut pour
« vous rassurer. » Il lui sourit, et
l'embrassa.

Nous nous quittâmes, M. de Cervières et moi, pénétrés l'un pour l'autre de cette affection sincère qui ne manque jamais de s'établir entre deux êtres qui éprouvent les mêmes penchans et les mêmes malheurs.

Mademoiselle d'Hérouville et Fanchon le suivirent de très-près. Nous pensâmes, Juliette et moi, à ce qui nous était nécessaire pour le voyage. J'avais du linge ; mais les effets de Juliette étaient restés à notre logement de l'Estrapade, ou à son couvent ; elle n'avait absolument rien. Fanchon se chargea, avec sa complaisance ordinaire, de lui acheter les choses de première nécessité, et au déclin du jour je sortis à mon tour pour aller prendre chez notre correspondant le reste de nos fonds

Je jouis en entrant chez lui de la plus agréable surprise. J'y trouvai Abell le fils. Nous nous embrassâmes comme deux amis qui n'espéraient plus se revoir, et qui se réunissent au moment où ils y comptent le moins. La paix venait de se conclure entre la France et l'Angleterre, et Abell avait succédé à son père dans l'honorable emploi de secrétaire d'ambassade. Son premier soin, en arrivant à Paris, avait été de s'informer de nous, et la voix publique lui avait appris confusément nos derniers malheurs. Il ignorait les détails ; mais il en savait assez pour concevoir de vives alarmes, et il était venu chez son correspondant pour nous découvrir et nous être utile, si cela dépendait de lui. Je lui contai ce qui nous était arrivé, ce que nous avions à craindre, et ce que nous avions résolu. « Non, dit-il, non, vous

« ne sortirez pas de Paris dans une
« voiture particulière. Votre aven-
« ture est publique, on ne parle que
« de cela, et on vous peint sous des
« couleurs affreuses : c'est peu de
« choses ; mais ce qui n'est pas indiffé-
« rent, ce sont les précautions prises
« pour s'assurer de vous. Il ne sort
« rien des barrières qui ne soit exac-
« tement visité. Vous ne passerez qu'à
« la faveur d'une livrée respectable,
« et je vous la procurerai. En atten-
« dant venez chez l'ambassadeur d'An-
« gleterre; les gens de la police n'en-
« trent pas là. — J'accepte vos offres,
« lui dis-je; allons prendre Juliette.—
« Allons, reprit Abell. » Nous mîmes
deux sacs d'or dans sa voiture, et nous
arrivâmes chez Fanchon. Il soupira
en revoyant Juliette : on n'oublie
jamais entièrement ce qu'on a tant
aimé. Juliette, de son côté, était em-

barrassée : je les mis à leur aise. « Vous
« vous estimez trop, leur dis-je, pour
« ne pas vous aimer un peu, et la
« contrainte nuit à l'amitié. Causons
« librement. » Il répéta à Juliette ce
qu'il m'avait dit chez le correspondant, et des larmes lui vinrent aux
yeux. « Il est décidé, dit-elle que nous
« n'aurons pas un moment de repos.
« — Votre sort changera, Madame,
« lui répondit Abell. Vous êtes Anglaise ; c'est un titre auprès de l'ambassadeur, et le cabinet de Versailles
« ne lui refusera pas la première
« grâce qu'il sollicitera. Je me charge
« de tout, je réponds de tout. Évitons
« seulement les premières poursuites.
« Il serait dur pour vous et pour vos
« amis que vous éprouvassiez encore
« quelques désagrémens. »

Nous prîmes congé de Fanchon.
Juliette la pria de la manière la plus

pressante de recevoir cent louis. Elle refusa obstinément. « Laissez-moi, « nous dit-elle, le plaisir de vous avoir « obligés ; votre argent lui ôterait « tout son charme. » Elle me serra la main, et nous montâmes en voiture.

Lorsqu'Abell nous eut conduit dans son appartement, il me demanda des notes positives sur notre dernière catastrophe et sur les causes qui l'avaient produite. Il écrivit une partie du jour sous ma dictée. Il me fit ensuite différentes questions sur mademoiselle d'Hérouville et M. de Cervières qu'il avait beaucoup vus chez madame d'Alleville, et il écrivit encore mes réponses. Il remonta en voiture pour les aller prendre et les amener chez lui. « Elle sera ici plus en sûreté « qu'ailleurs, nous dit-il, et vous ne « serez pas fâchés d'être ensemble. » Une demi-heure après ils entrèrent

tous les trois. Mademoiselle d'Hérouville avait déjà ses habits d'homme.
« Voilà un joli polisson que je vous
« recommande, dit M. de Cervières
« à Juliette : il est bien séduisant et
« bien aimable ; prenez garde à votre
« cœur. »

La rencontre d'Abell changea quelque chose à nos dispositions. On arrêta que M. de Cervières ferait partir la berline le lendemain de bonne heure, qu'elle nous attendrait à Étampes, et que nous irions jusqu'à cette petite ville dans une voiture de l'ambassadeur.

Abell nous promettait beaucoup, et ce n'était pas un homme léger : ses promesses nous inspirèrent de la confiance. Mademoiselle d'Hérouville et Juliette, jeunes, belles, sensibles ; Cervières et moi, empressés, tendres et heureux ; Abell exhalant autour de lui l'âme la plus délicate et la plus honnête, tout concourait à rendre cette soirée délicieuse. Elle s'écoula dans ces épanchemens mutuels, dans ces soins recherchés où l'amitié sait égaler l'amour.

M. de Cervières se leva et se retirait. « Où allez-vous ? lui dit Abell ; j'ai
« des lits à vous donner. » Cervières courut se rasseoir auprès de mademoiselle d'Hérouville. Elle le regarda en dessous, et rougit. « Imitez miss
« Tillmouth, lui dit Abell ; elle n'a
« pas craint d'aimer ; elle ne rougit
« pas d'ajouter chaque jour au bon-
« heur de ce qu'elle aime. Mes amis,
« la vertu est en nous. Elle est indé-
« pendante des conventions humai-
« nes, et miss Tillmouth et ma-
« demoiselle d'Hérouville sont des
« femmes respectables à mes yeux.
« Puisse le ciel un jour m'en accorder
» une qui leur ressemble ! — Abell,

« mon cher Abell, lui répondis-je en
« en le serrant dans mes bras, oui,
« vous serez enfin aussi heureux que
« je le désire et que vous méritez de
« l'être. »

Le lendemain matin j'entrai dans sa chambre à coucher, et je le priai de rester dépositaire de notre petite fortune qu'il était assez inutile d'emporter à la campagne avec nous. « Je ferai,
« me dit-il, tout ce qui vous sera
« agréable. Vous pouvez tirer sur
« moi jusqu'à la concurrence de cent
« mille francs : le reste de vos fonds
« me parviendra sous peu de jours. »
Je lui demandai si nous partirions bientôt. « Non, me répondit-il. Vos
« ennemis sont adroits : nous les mettrons en défaut à force de témé-
« rité. »

Il passa chez l'ambassadeur, il y resta long-temps, et revint déjeûner

avec nous. « Vos affaires vont bien,
« Mesdames, dit-il à Juliette et à
« mademoiselle d'Hérouville. Avant
« quinze jours vous aurez de mes nou-
« velles. » Il ne s'expliqua pas davantage ; mais c'était nous en dire assez.

On vint prendre nos paquets, et on les descendit. Mademoiselle d'Hérouville se mit à la croisée ; elle vit la voiture qui allait l'éloigner de M. de Cervières : elle lui prit la main et la porta à sa bouche d'un air si péné-tré !... « Je ne vous ai demandé que
« quinze jours, Mademoiselle, lui
« dit Abell. Si un délai aussi court
« vous afflige, continua-t-il en re-
« gardant Juliette, quelle ressource
« reste-t-il à ceux qui n'ont plus
« d'espoir ? — Les consolations de
« l'amitié, lui répondit Juliette en
« l'embrassant avec une cordialité
« dont je l'aurais presque remerciée. »

Bientôt deux postillons attelèrent six chevaux magnifiques à un carrosse de parade. Nos dames se mirent dans le fond, Abell et moi sur le devant; un cocher à moustaches monta sur le siége, quatre laquais derrière, deux courreurs partirent en tête des chevaux, et nous roulâmes avec une effrayante rapidité. En approchant de la barrière, nous éprouvâmes tous trois une forte émotion. J'enfonçai mon chapeau sur mes yeux, Juliette déploya son éventail, et mademoiselle d'Hérouville pâlit. « Ne craignez rien, « nous dit Abell; j'ai pensé à tout. » Une sentinelle se présenta pour arrêter la voiture: « C'est l'ambassadeur d'An- « gleterre, crièrent de loin les cou- « reurs; » le factionnaire se rangea, et nous passâmes.

Le danger qui n'est plus à craindre est bientôt oublié. Nous n'avions pas fait deux lieues, que l'avenir seul nous occupait, et Abell le présentait d'une manière si séduisante et si vraie, que la raison la plus sévère n'avait rien à lui opposer. Une gaîté folâtre dissipa les idées sombres qui nous avaient si long-temps poursuivis, et mademoiselle d'Hérouville elle-même eut de ces mots piquans qu'on ne trouve jamais que quand on ne les cherche pas. « A propos, dit Juliette, « quel nom donnerons-nous à cet » espiègle-là ? — Célestin, reprit « Abell; ce nom va bien à sa figure. « Et vous, continua-t-il en m'adres- « sant la parole, comment vous « appellerez-vous ? — Abell, lui ré- « pondis-je. Si je connaissais un nom « plus respectable, je le prendrais.— « C'est un nom assez obscur, pour- « suivit-il; mais j'aime que vous l'ayez « choisi, Madame le portera. Il fut

« un temps où j'ai pu croire.... » Il se tut. Un morne silence succéda à cet aimable abandon, et nous contrista tous.

Nous joignîmes la berline de M. de Cervières. Abell fit arrêter le cocher. « Séparons-nous ici, nous dit-il. Plus « nous irons, moins je pourrai vous « quitter. » J'approuvai sa proposition : l'équipage brillant dans lequel nous étions devait être remarqué dans une petite ville, et les curieux sont dangereux partout. Nous nous promîmes de nous écrire souvent; nous nous séparâmes d'Abell avec les plus sincères regrets, et nous arrivâmes à Étampes, sans nous être dit un seul mot.

CHAPITRE IV.

Aventures de nuit et de jour.

Je me dispenserai de faire la description d'Étampes. Cette ville serait ignorée de tout l'univers, si elle était seulement à cent pas de la grande route. Nous y fîmes assez maigre chère, nous y fûmes assez mal couchés, et nous partîmes cependant d'assez bonne humeur.

Je m'avisai de faire une perquisition générale dans la voiture, et je fus fâché, d'après mes découvertes, de ne m'en être pas avisé la veille. Le souper en eût été meilleur. Le prévoyant Cervières avait rempli les coffres de viandes froides et d'excellens vins. Cette attention nous fit plaisir. Nous marchions à petites journées, et nous pouvions tomber dans des auberges où nos provisions nous seraient encore plus nécessaires qu'à Étampes. En effet, dès le premier village où on arrêta pour faire rafraîchir les chevaux, nous ne trouvâmes rien, pas même du pain passable. M. Célestin décoiffa un pâté, et en fit fort bien les honneurs. Nous invitâmes notre cocher à en prendre sa part. Il se rendit à l'invitation, il vida sa bouteille, et les chevaux en marchèrent beaucoup mieux.

Il faisait le plus beau temps du monde; nous baissâmes toutes les glaces, et notre cocher, qui était une espèce de Maître-Jacques, se mêla à la conversation, et en fit bientôt tous les frais. Il nous conta l'histoire de tous ses maîtres, et finit par nous conter la nôtre, sans savoir qu'il parlait aux héros de l'aventure. Cette histoire s'était prodigieusement augmentée avant d'arriver jusqu'à lui. J'avais traité sept à huit religieuses comme les Bulgares avaient traité Cunégonde; j'en avais enterré d'autres toutes vives, et j'avais emporté la caisse de la communauté. J'osai donner un démenti au cocher. Il prit fort bien la chose; mais il m'assura qu'il savait beaucoup mieux que moi ce qui s'était passé, parce que la tourrière était la cousine-germaine du beau-frère de la tante du père de sa femme, qui lui avait conté tout cela. Je lui jurai que la fille du neveu de la belle-sœur du cousin-germain de la tourrière ne lui avait pas dit un mot de vrai. Il me donna une preuve du contraire, à laquelle je ne m'attendais pas; il tira de sa poche une complainte en soixante-quatre couplets, que le poëte Fardeau avait déjà composée sur cette aventure lamentable et remarquable. Le moyen de rien opposer à une complainte du poëte Fardeau? Le cocher la chanta d'un ton de vérité qui nous en imposa presque à nous-mêmes, et, de couplets en couplets, nous arrivâmes à la dînée.

Nous descendîmes à une auberge passable, et nous fûmes dispensés d'avoir recours à nos provisions. M. Célestin trouva dans la chambre où nous étions, une vieille guitarre qui avait à peu près toutes ses cordes; il l'acheta, et la fit porter dans la voiture. Nous payâmes, et nous repartîmes.

Le cocher nous avait mis en goût de chanter. M. Célestin prit sa guitarre; il en pinçait fort bien. Juliette avait une très-jolie voix; je chantais agréablement, et nous commençâmes un petit concert. Les passans étaient émerveillés, le cocher applaudissait, et nous avions à peu près épuisé les *duo* et les *trio* que nous fournit notre mémoire, lorsqu'un accompagnement de contre-basse interrompit tout à coup les concertans; c'était le tonnerre. Mademoiselle d'Hérouville en avait une peur épouvantable. Sa guitarre lui tomba des mains, et elle s'enveloppa la tête dans la robe de Juliette. Je levai les glaces, je baissai les stores, et les éclairs n'en pénétraient pas moins jusqu'au grand œil bleu de mademoiselle d'Hérouville. La pluie se mêla à tout cela. Je passai mon manteau au cocher, et je le pressai d'avancer. Il survint un coup très-violent. Mademoiselle d'Hérouville se jeta dans le fond de la voiture. Les chevaux se cabrèrent et refusèrent d'avancer; Juliette parut intimidée; cela pouvait devenir sérieux. Je fis dételer les chevaux; le cocher les attacha à un arbre, et il vint se réfugier dans la voiture.

Cet orage finit, comme tous les autres, par amener le beau temps. Mademoiselle d'Hérouville se releva, et fut la première à rire de sa frayeur. Nous avions perdu deux grandes heures, et il eût fallu marcher de nuit pour arriver au gîte où nous nous étions proposé de coucher. Mademoiselle d'Hérouville craignait autant les voleurs que le tonnerre; Juliette avait froid; son état exigeait des ménagemens : je dis au cocher d'arrêter au premier cabaret.

« Voilà une méchante auberge,
« nous dit-il au bout d'une demi-
« heure ; vous ne logerez pas là.
« — Pourquoi, reprit mademoiselle
« d'Hérouville ? une nuit est bientôt
« passée. Qu'il y ait seulement un lit

« pour ma sœur, et nous nous arran-
« gerons comme nous pourrons. »
Je descendis, et je me chargeai des
fonctions de maréchal-des-logis. Je
n'eus pas plutôt le pied dans la maison, que j'aurais voulu en être à vingt
lieues : c'était à faire reculer. Je demandai à quelle distance nous étions
du prochain village. On me répondit
qu'il était à deux mortelles lieues de
là : il fallut se résigner.

On me fit monter un escalier à
claires-voies, qui conduisait à une
chambre où il y avait un lit. Quel lit !
On me montra un cabinet qui n'était
séparé de la chambre que par le corridor. J'y trouvai un second lit ; le
meilleur des deux était détestable.

Le reste répondait parfaitement à
ce que je venais de voir. Des vitres cas-
sées, des chaises boiteuses, des tables
vermoulues, des poulets étiques, qui

couraient partout, et qui laissaient sur tous les meubles des traces de leur passage, une hôtelier de fort mauvaise humeur : tel était le lieu de plaisance où nous devions passer la nuit,

Je demandai ce qu'on nous servirait. On me répondit qu'on nous donnerait une excellente fricassée de poulets. « Faite avec ces poulets-ci ?
« repris-je en montrant ceux qui trot-
« taient autour de nous.—Oui, mon-
« sieur, oui, me dit le seigneur
« châtelain en fronçant le sourcil; et
« vous serez sûr qu'ils ne seront pas
« morts de la pépie. » Je lui promis très-honnêtement de lui payer ses poulets; mais je l'engageai à les garder. « Mettez-nous des draps blancs,
« si vous en avez, lui dis-je ; et faites-
« nous vite un bon feu. » Je retournai à la berline, je présentai la main à mes deux compagnes de voyage, et

je les introduisis. Elles me regardèrent et firent une mine! Le parti le plus sage était de s'amuser de tout cela, et c'est celui que nous prîmes. Nous nous assîmes autour du foyer. Juliette se chauffa, mademoiselle d'Hérouville pinça de la guitarre, je fis sécher mon manteau, et le cocher nous monta de la voiture certains moyens de consolation qui manquent rarement leur effet.

A peine avions-nous commencé à souper, que sept à huit poulets sautèrent dans les plats et becquetèrent le pain, le pâté, et jusqu'aux viandes froides. Je crois qu'ils n'avaient pas mangé de deux jours. Je les chassai, je fermai la porte; ils rentrèrent par la chatière. L'un sauta sur le dos de ma chaise, un autre sur l'épaule de Juliette; un troisième s'accrocha les pattes aux cheveux de mademoiselle d'Hérouville. Nous nous levâmes, nous courions par la chambre notre assiette à la main, et les poulets nous suivaient partout. Le cocher prit un vieux pot, l'emplit à moitié de mies de pain et de pâté, leur mit cela dans un coin, ils se jetèrent dessus et nous laissèrent tranquilles.

Une scène d'un autre genre succéda à celle-ci. Notre hôtesse qui, de sa vie, n'avait tenté que son mari, était pourtant accessible à la tentation. Elle trouva M. Célestin fort à son gré, et elle lui fit des agaceries qui n'étaient pas équivoques. M. Célestin, qui était monté sur le ton plaisant, répondait aux mines de l'hôtesse. Le mari, qui était jaloux, Dieu sait de quoi, appelait sa femme à chaque minute; elle descendait et remontait aussitôt : elle ne manquait jamais de prétexte. Elle se plantait vis-à-vis de Célestin, et le mangeait des yeux. Celui-ci lui renvoyait des œillades! la petite femme n'y tenait plus. Juliette et moi nous jouissions de tout cela, sans avoir l'air de prendre garde à rien. Le mari, homme brutal et mal élevé, entra dans la chambre au moment où sa moitié donnait toute son attention à des choses fort tendres que lui débitait M. Célestin. Il la prit par une oreille et lui fit descendre l'escalier en deux sauts. Célestin voulut soutenir son rôle; il persiffla le mari; le mari envoya promener Célestin, et le cocher mit le mari à la porte; deux rouliers, qui venaient d'arriver, prirent parti pour le cabaretier. Je fus obligé d'intervenir dans cette affaire. Ces messieurs parlèrent très-haut; je parlai plus haut qu'eux. L'hôtesse n'osait pas remonter; mais elle criait en bas à tue tête. Le cocher jurait; on ne s'entendait plus. Juliette se déclara médiatrice entre Célestin et le cabaretier. Celui-ci, tout grossier qu'il était, se laissa persuader par une jolie bouche. Il convint qu'il n'était qu'un impertinent ; mais il nous jura qu'il avait de bonnes raisons pour se défier de sa femme, et pour l'observer de très-près. Juliette engagea les parties à boire ensemble. Elle emplit les verres d'un vin vieux qui concilia tout. Célestin, le mari, les rouliers, trinquèrent deux ou trois fois avec beaucoup de cordialité, et ils se quittèrent les meilleurs amis du monde. Mademoiselle d'Hérouville convint qu'elle avait poussé la plaisanterie trop loin, et elle se promit bien d'être plus circonspecte à l'avenir.

Nous nous amusâmes quelque temps de la bizarrerie de ce quiproquo, et on vint couvrir nos lits. L'hôtesse ne cessait de regarder Célestin du coin de l'œil, en déployant ses draps; mais Célestin était revenu des intrigues, il fut parfaitement sage. « Comment « allons-nous nous arranger, dis-je à « Juliette — ? Comme tu voudras, « répondit-elle. — Eh bien, repris-je, « nous coucherons ici. Le lit du ca- « binet est étroit; nous le donnerons « à ton frère. — Oui, poursuivit « l'hôtesse ? Je vais lui mettre un « matelas de plus. Il est délicat, il « faut qu'il soit bien. » Mademoiselle d'Hérouville ne lui répondit rien, et la laissa faire.

Nous nous disposâmes enfin à nous coucher. Mademoiselle d'Hérouville nous souhaita le bonsoir, et passa dans son *appartement*. Nous commencions à nous déshabiller, quand elle vint frapper à notre porte. Je lui ouvris. « Je ne « coucherai pas là, nous dit-elle;

« j'ai peur, et la porte ne ferme point.
« Je passerai la nuit auprès du feu. —
« Nous ne le souffrirons pas, lui ré-
« pondit Juliette; vous coucherez
« avec moi, et Happy prendra le lit
« du cabinet. — Non, ma bonne
« amie, répliquai-je; cet arrange-
« ment-là ne me plaît pas du tout; je
« vous le déclare net. — Allons, re-
« prit Juliette, un peu de complai-
« sance. Ne serais-tu pas bien aise
« que Cervières en fît autant pour
« moi? » Elles m'embrassèrent, l'une
bien tendrement, l'autre bien amica-
lement, et je me laissai mettre à la porte.

J'étais enseveli dans un profond
sommeil, quand je sentis quelque
chose de lourd qui se plaçait directement sur moi. Je me réveillai à demi,
et je m'aperçus que ce quelque chose
était sous la couverture. Je me réveillai tout-à-fait, et j'eus peur à mon

tour. J'avançai la main : j'en rencontrai une très-dure et très-alerte. J'avançai davantage, et je saisis des formes qui n'avaient rien d'engageant ; c'était une femme. « Que le diable
« t'emporte, m'écriai-je en sautant
« en bas du lit. — Mon cher petit...
« mon cher petit.... — Ton cher
« petit est couché avec ma femme ;
« vas te remettre auprès de ton mari.
« — Couché avec sa sœur ! Oh ! le
« le petit scélérat ! Et vous leur pas-
« sez cela ! Mon homme ne serait pas
« si complaisant ; » et ses mains recommencèrent à jouer avec tant de vivacité, que je fus obligé de lui appliquer cinq à six claques sur le derrière, pour lui faire lâcher prise. «
« Marguerite, Marguerite ! » cria une voix de Stentor, qui fit trembler la maison jusques dans ses fondemens. Marguerite s'enfuit, je ne sais par où.

Bientôt le cabaretier parut en chemise, une lanterne dans une main et un gourdin dans l'autre. Il continuait ses clameurs, et le nom de Marguerite retentissait de la cave au grenier. Les rouliers, qui ne sont pas endurans, et qui n'aiment pas qu'on trouble leur sommeil, tombèrent à grands coups de fouet sur le cabaretier ; le cabaretier joignit sa femme au bout du corridor, et tomba sur elle à grands coups de bâton ; le cocher, qui accourut au bruit, s'embarrassa dans les jambes de Marguerite, et ils roulèrent tous les deux jusqu'au bas de l'escalier.

J'entrai dans la chambre de Juliette. Je les trouvai l'une et l'autre interdites du carrillon infernal qu'elles avaient entendu : elles ne savaient à quoi l'attribuer. Je leur contai ce qui venait de m'arriver, et nous rîmes aux larmes de la mésaventure de la cabaretière. Je me rhabillai, je ranimai le feu, je rallumai la chandelle, je m'enveloppai dans mon manteau, et je me couchai par terre. « Vous allez « passer le reste de la nuit là, me « dit mademoiselle d'Hérouville? — « Croyez-vous, lui répondis je, que « je veuille m'exposer à une seconde « irruption de votre Dulcinée? Je ne « retournerais pas dans le cabinet pour « tout l'or du Pérou. » Nous recommençâmes à rire de plus belle, et nous nous endormîmes en riant.

Il était écrit que la nuit finirait comme elle avait commencé. Je fus réveillé une seconde fois par une voix tremblante. On appellait. « Qu'est-ce « que c'est, répondis-je en me frot- « tant les yeux ? — Il y a des reve- « nans ici. — Et où sont-ils ces reve- « nans?—Venez ici, regardez donc. »

C'était mademoiselle d'Hérouville qui me montrait de la main quelque chose qui était dans le fond de la chambre. Je regardai : « Eh ! c'est un « pot, lui dis-je. — Oui ; mais ce pot « marche. — Comment, il marche ! « — Eh ! sans doute, il marche. » Et elle se serrait contre Juliette, qui dormait profondément. Je regardai plus attentivement : le pot marchait en effet. « Que pensez-vous de cela, « me dit-elle ? — C'est fort extraor- « dinaire. — Ah ! mon Dieu, que j'ai « peur ! — Et de quoi ? Après tout, « ce n'est qu'un pot. — Un pot ! Avez- « vous jamais vu un pot marcher ? « — J'avoue que cela n'arrive pas « communément. » Pendant que nous discourions, le pot avançait sensiblement. La chandelle était au pied du lit ; il allait la renverser. L'impatience me prit. « Fût-ce le diable, dis-je, je

« saurai ce que c'est. » Je donnai un violent coup de pied au pot. Un poulet qui était dessous s'envola sur le lit, et réveilla Juliette. Je recommençai à rire. Mademoiselle d'Hérouville suivit mon exemple, et Juliette en fit autant, quand elle sut de quoi il était question.

Nous nous creusâmes la tête pour deviner comment le poulet avait pu se glisser sous le pot. Juliette pénétra le mystère. Ce pot était le même dans lequel le cocher avait donné à manger à la volaille. Les poulets, en sautant sur les bords du pot, l'avaient renversé, et un d'eux s'était trouvé pris. Il 'avait vu la lumière à travers les crevasses, et il avait cherché à se débarrasser.

« Je prends mon parti, dis-je à
« ces dames, je ne dors plus. — Ni
« moi. — Ni moi, répondirent-elles. »

Elles se levèrent, et nous passâmes le reste de la nuit à lire, à nous chauffer, et à faire réveillon.

Au point du jour j'appelai le cocher. Je lui dis de mettre les chevaux; je le chargeai de payer la dépense, pour être dispensé de toute espèce d'explication avec le cabaretier ou sa femme; nous montâmes en voiture, et nous partîmes. Les événemens de la nuit firent le sujet de la conversation pendant toute la route, et nous arrivâmes à Orléans en riant encore du pot ambulant, et de la conquête de M. Célestin.

Juliette se sentit fatiguée, et je proposai à mademoiselle d'Hérouville de passer la journée à Orléans. Elle nous était trop tendrement attachée pour nous rien refuser.

Cette ville mérite l'attention du voyageur. Elle est arrosée par la Loire.

La largeur de son lit, le commerce qu'elle alimente, les bateaux de toute espèce dont elle est continuellement chargée, le mouvement et la vie qui se communiquent de ses bords rians aux quartiers les plus éloignés, nous offrirent un tableau aussi varié qu'intéressant. Il me fit naître une idée que je communiquai à Juliette et à mademoiselle d'Hérouville. C'était d'arrêter un de ces bateaux couverts qu'on appelle dans le pays des *cabanes*, de l'arranger commodément et de descendre la Loire jusqu'à Saumur. « Vous serez plus à votre aise, leur « dis-je, nous irons plus vite, et nous « voyagerons d'une manière bien plus « agréable. » Ma proposition fut acceptée, et nous nous occupâmes à l'instant même de son exécution. Nous choisîmes la cabane la plus jolie et la plus grande, et nous convînmes de

prix. Je ramenai mes compagnes à l'auberge, et je procédai à l'équipement de ma *frégate*. J'y fis porter des provisions de bouche, des lignes pour pêcher, si la fantaisie nous en venait, et un fusil à deux coups pour tirer des oiseaux aquatiques, s'il s'en présentait; enfin j'achetai des matelas et des couvertures. Juliette riait de l'immensité de mes préparatifs; mademoiselle d'Hérouville me demandait si nous nous embarquions pour un voyage de long cours. « Je ne veux pas, leur
« dis-je, que nous soyons exposés
« davantage aux incursions des pou-
« lets, aux entreprises des cabare-
« tières, ni à la crainte des revenans.
« Laissons courrir ces grandes aven-
« tures aux successeurs de Don-Qui-
« chotte, et tâchons de nous procurer
« les commodités de la vie. » L'après-midi je fis laver l'intérieur de la

cabane, j'y fis coller un petit papier fort gai, et je donnai à notre bâtiment la tournure et la propreté d'une barque hollandaise. Je terminais mes dispositions, lorsque des crocheteurs parurent avec un piano et une ample collection de musique. Je reconnus là Juliette. « Bravo ! m'écriai-je, nous réu-
« nirons tous les plaisirs, la chasse, la
« pêche, la musique, la bonne chère,
« l'amitié et l'amour. La jolie manière
« de voyager ! Oh ! la bonne idée qui
« m'est venue là ! » Notre *pilote*, qui était un grand garçon d'une vingtaine d'années, coucha *à bord* pour veiller à la conservation de nos propriétés. Le lendemain matin je donnai à notre cocher les renseignemens qui devaient le conduire droit à notre destination ; je lui dis de ménager ses chevaux, d'arriver quand il pourrait, et nous nous embarquâmes.

Nous avions un temps à souhaits. On ne voyait pas un nuage; l'azur du ciel se réfléchissait sur une nappe d'eau limpide et la teignait d'un vert léger; un vent doux enflait notre petite voile sans nous incommoder. Nous *démarrâmes*, enchantés du parti que nous avions pris, et regardant avec complaisance les moyens de jouissance que nous nous étions procurés.

Il y avait au moins un an que nous n'avions touché de piano, et la musique obtint la préférence sur les autres amusemens; mademoiselle d'Hérouville prit sa guitare et improvisa sa partie; une pile d'ariettes et de concertos nous suffirent à peine, tant nous étions affamés d'harmonie. Juliette me présenta une sonate... « La recon- « nais-tu, mon ami?.... » Je l'embrassai avec un transport!.... C'était cette précieuse sonate à quatre mains

à qui j'avais dû le premier baiser de l'amour. Nous l'exécutâmes avec un plaisir indicible. Nous y mîmes l'expression et la chaleur que des souvenirs délicieux avaient fait passer dans nos âmes. Le pilote oubliait sa rame, mademoiselle d'Hérouville laissait échapper sa guitare, ils retenaient leur haleine, ils craignaient de perdre un son. A la fin du morceau, mademoiselle d'Hérouville passa à l'*arrière du bâtiment*, et rentra avec une humeur terrible, mais qui n'était que trop fondée. « Que sont devenus, dit-
« elle, les siècles heureux des Am-
« phion et des Orphée ? Je ne vois
« autour de nous ni dauphins, ni
« tritons, ni nymphes, ni Amphitrite,
« pas même une pauvre petite naïade.
« — Moi, je vois le pont de Beau-
« genci, nous dit le batelier; » et nous sortîmes de la cabane.

Beaugenci n'est pas une ville considérable, mais son aspect est extrêmement pittoresque. Elle s'élève en amphithéâtre sur les deux rives de la Loire. Ses environs sont délicieux. Des maisons de campagne éparses ça et là, des vignobles des terres labourables, des prairies, des rochers couronnés par des bouquets d'arbres, des sources abondantes qui s'échappent des cavités pour tomber en cascades et qui viennent en bouillonnant grossir le lit de la rivière, tout semblait s'être réuni pour nous offrir un coup d'œil enchanteur. Ces dames en furent si fortement, si agréablement frappées, qu'elles s'aperçurent à peine que le courant nous emportait avec violence; elles passèrent le pont avec l'intrépidité des Amazones.

Le vent continuait à nous favoriser, et nous courions *cinq à six nœuds* par heure. Nous arrivâmes à un banc de sable, où notre pilote nous dit avoir quelquefois pris du poisson. Je fis *carguer* la voile, on jeta l'*ancre*, et nous tendîmes nos lignes. « En « attendant, nous dit mademoiselle « d'Hérouville, qu'il plaise à quelque « *dorade*, ou à quelque *cachalot*, « de mordre à l'hameçon, je suis d'avis « de déjeûner. » Juliette appuya la proposition : le pilote ne disait rien; mais je vis qu'il n'en pensait pas moins. J'étendis une serviette en dehors de la cabane, je la chargeai de différens mets, chacun prit ce qui lui plut, et on déjeûna un œil à sa ligne et l'autre à sa fourchette. Mademoiselle d'Hérouville, qui n'avait pas une grande habitude de la pêche, ne prenait pas garde que la plume de sa ligne était sous l'eau, et que la verge recevait des secousses assez fortes. « Tirez donc

Monsieur, lui dit le batelier. » Il était trop tard ; la verge était à l'eau. Célestin se désespère et saute après ; je tremblai pour Célestin, et je sautai après lui ; Juliette allait sauter après moi ; le batelier la retint. « Ne crai-
« gnez rien, lui dit-il, Madame ; il n'y
« a pas deux pieds d'eau. » Je rattrapai la verge, je tirai à moi ; un *monstre marin* tirait de son côté, et tirait bien ; Célestin, qu'échauffait l'amour de la gloire, oublia la fraîcheur de l'eau ; il voulut partager avec moi l'honneur de la conquête ; nous tirâmes ensemble, et, après la plus belle défense, une superbe alose fut conduite à bord.

Nous éprouvâmes un petit embarras. Il fallait changer M. Célestin, et il n'avait qu'un habit d'homme. Je lui en offris un des miens. « Vous êtes
» plus grand que moi de toute la

« tête, me dit-il ; voyez donc la jolie
« tournure que j'aurai là-dedans. »
L'amour-propre ne perd jamais ses
droits. « Venez, lui dit Juliette, je
« vous habillerai en fille, et vos habits
« sécheront. » Elles passèrent dans
la cabane ; et, lorsqu'elles en ressortirent, le batelier jura que M. Célestin
ressemblait si fort à une demoiselle,
que le plus fin pourrait s'y méprendre.

C'est un grand plaisir que de prendre une alose ! mais pour qu'il soit
complet, il faut l'apprêter soi-même.
Il n'est pas de Française qui ne se mêle
un peu de cuisine. Juliette, tout-à-fait
francisée, se joignit à mademoiselle
d'Hérouville ; elles saisirent le poisson
d'une main hardie. Sans égards pour
leurs jolis doigts, pour leurs bras
arrondis, il leur alongea force coups
de queue, et leur échappa lorsqu'elles
s'y attendaient le moins. Elles jetèrent

deux ou trois cris, selon l'usage, plongèrent leurs bras dans la rivière, les frottèrent, les replongèrent ; toute l'eau de la Loire suffit à peine à cette ablution. Je leur baisai les main à toutes deux, pour les convaincre qu'il ne restait pas la moindre odeur, et je pris le poisson à mon tour. Bientôt il ne fut plus question que de savoir à quelle sauce on le mettrait, et ce fut le sujet d'une longue et profonde dissertation. Ces dames citèrent tous les auteurs qui ont écrit sur cette importante matière, depuis Lucullus jusqu'à la Cuisinière Bourgeoise ; elles firent une récapitulation générale de toutes les sauces possible ; la *ravigotte*, l'*italienne*, la *marinade*, la *galantine*, la *matelote*, la *béchamel*, etc., etc. Parfaitement ignorant en cuisine, j'étais d'avis de faire comme on voudrait : je désirais seulement qu'on voulût

bien vouloir quelque chose. « Eh !
« parbleu, dit le batelier, faut-il tant
« de façon ? Mettez là-dessus une
« bouteille de bon vin et un mor-
« ceau de beurre frais, et vous m'en
« direz des nouvelles. » On s'en tint
là, et on fit bien; on n'eût jamais fini.
La discussion eut cependant son utilité. Nous avions passé le pont de Blois
sans nous en apercevoir.

Nous découvrîmes une petite île,
située par je ne sais quel *degré de
latitude*. Elle était couverte de peu-
pliers et de tilleuls, et l'herbe ver-
doyante était courte et fine. « C'est
« là, dit Juliette, qu'il faut manger
« l'alose. — Tope, répondis je, » et
nous *virâmes de bord*. Nous ne trouvâmes *ni port, ni baie*, et nous
échouâmes sur le sable. Nous descendîmes, et le *pilote* remit sa *frégate* à
flot d'un coup de genou. Il traversa,

en un clin d'œil, le *détroit* qui nous séparait d'un assez joli village, et il revint avec les ustensiles indispensables pour la confection d'un court-bouillon. Pendant que je creusais un foyer avec mon couteau, ces dames ramassèrent des branches sèches; la flamme pétilla, le poisson cuit, et nous commençâmes un des plus agréables repas que j'aie fait de ma vie. Les saillies, la chansonnette, quelques baisers volés à Juliette et repris aussitôt, la gaîté franche de mademoiselle d'Hérouville, les historiettes du batelier, tout contribua à le rendre charmant.

L'homme est vraiment heureux, quand il veut se rapprocher de la nature.

Après le dîner ou courut, on joua, on se roula sur l'herbe. Le chant des oiseaux nous jeta enfin dans une douce rêverie, qui nous rappela ce vers si heureux de Saint-Lambert :

Souvent j'écoute encor, quand le chant a cessé.

Mademoiselle d'Hérouville, qui avait le nez en l'air, cria qu'elle avait découvert un nid de *colibris*, et le batelier lui protesta que c'étaient des chardonnerets. On pense bien que le nid fut convoité : il fallut l'avoir à quelque prix que ce fût. Je m'accrochai à l'arbre, j'y grimpai, et je fis hommage à ces dames de cinq petits captifs fort jolis. Ce fut à qui les caresserait ; on courut à la cabane, on arracha la ouate d'une pelisse pour les loger plus chaudement ; on broya de la mie de pain dans un verre, on fit une brochette, on leur donna à manger, et pendant que tout cela se faisait, nous arrivions à Amboise.

Il nous restait encore quelques

heures de soleil, nous résolûmes de descendre jusqu'à Tours. Je pris la rame, et je me chargeai de la *manœuvre*. Le *pilote*, excédé, s'endormit aux pieds de M. Célestin, qui lui plaisait beaucoup, quoique ce ne fût qu'un garçon.

Je voguai très-heureusement pendant une heure ou deux. J'évitai très-adroitement *les bas-fonds*, *les courans* et *les récifs*. Mais enfin je tombai dans un *archipel* composé de quatre ou cinq îles, grandes au moins comme le bassin du Palais-Royal, et je ne pus jamais m'en tirer. On rit, et je me piquai ; on se moqua de moi ouvertement, et j'enrageai. Juliette me chanta ce joli morceau des mille et un charmans ouvrages de Grétry :

> Le pilote interdit,
> Dans sa boussole
> Cherche le pôle,
> Et n'y voit goutte en plein midi.

On ne se tire pas d'un *péril éminent*
avec des chansons, pas même avec
des cantiques; car j'entonnai celui de
Notre-Dame du bout du Pont, et je
n'en menai pas mieux ma barque.
J'échouais sur une île, je me re-
mettais *à flot*, et je m'engravais sur
une autre. Mademoiselle d'Hérouville étendit les bras, grossit sa voix,
et dit, avec l'emphase d'une Sibylle,
sans écumer pourtant :

« Chacun son métier, et les vaches sont bien gardées.

Cet oracle était clair; aussi le com-
pris-je à merveille. J'éveillai le batelier, et je lui remis son *aviron*.

Nous entrâmes *vent arrière* dans
le *port* de Tours, et nous trouvâmes
dans la grande rue une auberge où
on paie très-cher, mais où on est très-
bien. Nous mîmes tous les gens de la

maison en l'air, et nous nous dédommageâmes amplement des privations de la nuit précédente. On nous servit un joli souper, c'était déjà quelque chose ; on nous donna d'excellens lits, c'était mieux encore. Je partageai celui de Juliette, c'était tout.

Au point du jour nous nous rembarquâmes frais, gaillards et dispos. La matinée était fraîche, et nous nous enfermâmes dans la cabane. L'amour fait son profit de tout : je pris Juliette sur mes genoux, et je m'enveloppai avec elle dans mon manteau. Cette position offre mille avantages que nous n'avions pas encore éprouvés : c'est une belle chose que l'expérience ! Célestin se mit à rire ; il prit mon fusil, et passa à *l'avant,* disposé à s'amuser aux dépens de qui il appartiendrait. « Vous « n'êtes pas raisonnable, me dit Ju-

« liette, dès que Célestin fut sorti.
« Vous oubliez que la décence fait
« tout le charme de l'amour; vous
« cesserez de m'aimer quand vous
« cesserez d'être délicat. » Je méritais la mercuriale, je demandai pardon, je l'obtins, et Juliette le scella...
Nous étions seuls.

Célestin nous cria qu'il voyait un troupeau de *gazelles*, et, pan, il lâcha ses deux coups à la fois, en détournant la tête et en fermant les yeux. « Que faites-vous donc, M. Cé-
« lestin, lui dit le batelier ? ce sont
« des chèvres.—Ce sont des *gazelles*.
« —Ce sont des chèvres, vous dis-je. »
Je fus pris pour arbitre, et je donnai gain de cause au batelier, malgré le sentiment de prédilection qui me faisait pencher en faveur de Célestin.
Fort heureusement il n'avait rien tué.
Je rechargeai le fusil, et je lui recom-

mandai de ne pas prendre un bœuf pour un *buffle*, ni un âne pour un *zèbre*. A peine étais-je rentré dans la cabane, que Célestin me *héla :* « Lâ- « cherai-je ma *bordée*, ou attendrai- « je *l'abordage?* » Je lui demandai quel ennemi le menaçait. « C'est un « *flibustier*, me répondit-il, qui *fait* « *force voiles* sur nous. — C'est la « patache, reprit le batelier. Gardez- « vous bien de tirer sur les commis « de la ferme ; ils dresseraient un pro- « cès-verbal de rebellion. » Célestin était très-capable de tuer un chevreau qui se met à la broche ; il n'avait pas envie de tuer un commis, qui n'est bon à rien, aussi la patache nous *amarina* sans éprouver de résistance. Ces Messieurs, qui exercent une police très-active sur la rivière, voulaient savoir quels étaient les téméraires qui déclaraient la guerre au bétail. Je leur protestai que nous étions des êtres très-pacifiques, qu'on avait simplement déchargé un fusil en l'air, et j'en donnai une preuve sans réplique : c'est qu'on n'avait rien tué à quinze pas de distance. Ces Messieurs profitèrent de l'occasion pour s'informer si nous n'avions rien contre les ordonnances du roi; je leur répondis que j'avais le malheur de ne pas connaître les ordonnances. Là-dessus ils firent une visite fort exacte, et mirent la main sur quelques bouteilles du meilleur vin de Beaune. Ils me demandèrent mon *permis*. Je leur répondis que je n'avais besoin de l'agrément de personne pour boire quand j'avais soif. Ils m'apprirent qu'il était défendu d'avoir soif à ceux qui ne portaient pas en poche la signature d'un directeur des aides, et le vin de Beaune passa de notre *bord* à *bord* de la patache. J'avais quelque envie de rosser les alguazils du directeur des aides ; mais ma Minerve était-là : Juliette m'arrêta avec ce vers de Regnard :

Que ferez-vous, monsieur, du nez d'un marguillier?

La citation me fit rire, et quand je ris, je ne peux pas me fâcher : la patache s'éloigna aussi tranquillement qu'elle nous avait abordés. « Eh bien! « s'écria Célestin, quand je vous ai dit « que c'étaient des *flibustiers*, avais- « je tort ? — Encore, continuai-je, « s'ils avaient remis leur visite après le « déjeûner ! Nous avons à manger, « mais on ne mange pas sans boire. » On décida qu'il serait sursis au déjeûner jusqu'à ce que j'eusse remplacé le vin qu'on venait de nous escroquer au nom du roi, et le *pilote* reçut l'ordre de *relâcher* à Langeais, petite ville entre Tours et Saumur.

Le vin de Langeais n'est pas merveilleux. Nous en bûmes peu ; mais nous parlâmes beaucoup. Nous touchions au terme de notre voyage, et il était temps de nous occuper un peu du château que nous allions habiter, de sa situation, des ressources que nous pourrions nous y procurer. Nous n'avions pas pris sur tout cela des renseignemens bien étendus : Cervières et mademoiselle d'Hérouville avaient eu tant d'autres choses à se dire ! Nous donnâmes carrière à notre imagination, chacun de nous fit son roman, et rien de ce que nous avions prévu n'arriva, comme c'est assez l'ordinaire. Au reste, les châteaux en Espagne ont cela de bon, qu'ils amusent sans faire de mal à personne.

Nous arrivâmes enfin à Saumur. Je fis emballer le piano, nous dînâmes, et nous montâmes dans une berline qui nous conduisit aux *Rosiers* : c'est le nom du village après lequel nous courions depuis cinq jours.

Ainsi finit ce voyage, qui n'aura jamais la célébrité de ceux de Coock; mais que j'ai cru devoir publier pour l'utilité de ceux qui voyageront de Paris à Saumur.

CHAPITRE V.

Double mariage. — Égaremens du cœur et de l'esprit.

Le concierge nous reçut comme des personnes pour qui on lui avait recommandé les plus grands égards. Il accourut avec sa femme et ses deux filles, pour nous ouvrir la grille et nous présenter la main. Ces marques de déférence nous flattèrent beaucoup moins que les deux paquets qu'il nous remit. C'étaient des lettres de nos bons amis de Paris. L'une était d'Abell, et l'autre de Cervières. Nous ne prîmes pas le temps d'entrer dans le château ; les cachets furent brisés dans la cour. Mademoiselle d'Hérouville lut de son côté et nous du nôtre. Dès la première ligne, je sautai de joie ; la lettre-de-cachet était révoquée. « Oh ! pour-« suis, poursuis, » me dit Juliette, les yeux mouillés des larmes du plaisir. Abell avait cité à l'Officialité le curé de Saint-Étienne-du-Mont. On avait entendu comme témoins la mère Jacquot et le commis des diligences, qui m'avait si charitablement averti. Après une heure de débats, le curé avait été convaincu d'être un homme sans mœurs, sans principes et sans probité. Abell s'éleva avec tant de force contre lui; il avait donné tant de publicité à cette affaire, que l'archevêque ne put se dispenser d'envoyer le curé à Saint-Lazare. C'était beaucoup pour notre digne ami de nous avoir vengés de notre oppresseur ; mais cela ne pouvait suffire à son zèle, ni à son attachement : il ne savait pas faire les choses à demi. Il

avait porté au lieutenant de police le jugement de l'Officialité, et il s'était déclaré mon défenseur. Il nia que je fusse entré dans le couvent. Il soutint que cette inculpation était évidemment l'effet de la haine du curé, et qu'il était absurde de me poursuivre sur le seul témoignage d'un homme dont les intentions perverses n'étaient que trop connues. Sa défense était appuyée par une lettre pressante de l'ambassadeur d'Angleterre. Enfin le lieutenant de police avait été persuadé, ou il avait feint de l'être, et mon affaire était assoupie. Ma belle, ma bonne, ma sensible Juliette me jeta ses deux bras autour du cou en me disant : « C'est à présent que nous
« sommes inséparables ; c'est à pré-
« sent que le sceau des loix confir-
« mera les sermens de l'amour. »

Mademoiselle d'Hérouville continuait de lire, et je ne voyais sur son visage aucunes marques de satisfaction. « La lettre n'est-elle pas de Cer- « vières? lui dis-je. — Oui me répon- « dit-elle. — Et vous ne riez pas ! « — Mon frère est mort. — Jamais « homme n'est mort plus à propos, « même dans un roman. » Nous nous approchâmes d'elle, et elle nous donna sa lettre. Son frère s'était fait nommer maréchal-de-camp, et quelques colonels de dragons, plus anciens que lui, avaient trouvé mauvais qu'on leur fît un passe-droit en sa faveur. Un d'eux, plus brutal que les autres, lui avait passé son épée au travers du corps, et l'avait envoyé joindre les preux chevaliers de sa race. Cervières ne doutait pas que cet événement ne changeât les dispositions de M. d'Hérouville; il allait se rapprocher de lui, et tâcher de se

concilier ses bonnes grâces par toutes sortes de prévenances et d'honnêtetés. » Voilà qui va bien, dis-je à made-
« moiselle d'Hérouville; vous serez
« infailliblement madame de Cerviè-
« res. — Croyez-vous, mon ami ?
« — Autant votre père a marqué
« d'éloignement pour vous établir,
« autant il y va mettre d'empresse-
« ment, et il me semble que le père
« de votre fils mérite la préférence. »
Elle avait l'air de douter encore, pour avoir le plaisir d'être rassurée. Nous la rassurâmes, et nous fîmes notre entrée dans le château.

Il est situé à mi-côte, entre Saumur et Angers. La Loire baigne le pied de la colline, et un bois touffu en couvre le sommet. Le bâtiment est gothique, et cependant agréable à la vue. « L'œil se repose avec plaisir sur
« les anciens édifices, dit Juliette.

« L'imagination aime à se reporter
« aux siècles reculés. Je rêverai ten-
« drement en regardant ces tourelles;
« elles me rappelleront la chevalerie,
« et la chevalerie rappelle les amours.
« — Vous avez votre *chevalier*, lui
« dit mademoiselle d'Hérouville, et
« le mien est à Paris. — Il viendra,
« lui dis-je. Si *Tancréde* a sa *Clo-*
« *rinde*, *Angélique* aura son *Mé-*
« *dor*. Viennent après cela les *Argant*,
« les *Roland*, les *Géans*, et tous les
« êtres *malfaisans* qui riment en *an ;*
« nous les pourfendrons à *l'instant.*
Le concierge nous fit voir les ap-
partemens. Il avait tout ouvert, tout
nettoyé; rien n'avait dépéri, quoique
le château n'eut pas été habité depuis
long-temps. Nous louâmes beaucoup
son exactitude, et nous organisâmes
notre maison. Le concierge fut établi
valet-de-chambre, pourvoyeur, et

maître-d'hôtel; sa femme cuisinière, et ses filles, femmes-de-chambre le matin, et demoiselles de compagnie l'après-midi. Tout le monde entra aussitôt en fonction avec cette bonne volonté qui double le prix d'un service.

Nous nous retirâmes dans un joli cabinet qui donne sur la rivière, et d'où l'œil s'égarait sur des côteaux rians qui s'étendent à perte de vue de l'autre côté de la Loire. Là, nous commençâmes notre courier. Juliette écrivit à Abell; mademoiselle d'Hérouville, on se doute bien à qui; et moi j'écrivis à Calais. Il y avait à peu près dix ans que je n'y avais pas pensé du tout. Une réflexion toute simple venait de m'y ramener. Il fallait, pour m'unir à Juliette par des nœuds indissolubles, présenter au moins un acte de baptême. J'écrivis donc à mademoiselle Suson, et je lui contai en gros ce qui m'était arrivé depuis notre séparation. Je me rappelais, en écrivant, les tendres soins dont elle m'avait comblé pendant mon enfance, et ma lettre prit insensiblement une tournure aussi tendre que si j'eusse prévu la réponse. Je la montrai à Juliette. Jamais je ne lui avais parlé de ma naissance; jamais elle ne m'avait interrogé là-dessus; elle savait que j'avais reçu un cœur de la nature, le reste lui était indifférent. Elle me fixa. « Je suis contente de toi, me « dit-elle. Un sot aurait rougi. J'aime « que tu ne sois pas plus humilié de « ta naissance, que je ne suis fière « d'être la fille d'un Lord. »

Le lendemain notre équipage arriva. Nous n'avions plus de raisons pour nous cacher, et dès que les chevaux furent reposés, nous partîmes pour Angers. Il fallait, avant de faire connaissance avec nos voisins, que mademoiselle d'Hérouville fût mise décemment. Elle se fit en deux jours une très-jolie garde-robe. Cervières lui avait donné deux cents louis ; elle en laissa la moitié à Angers.

Nous demandâmes au concierge un état des personnes à voir. Il y en avait peu, et d'après les portraits qu'on nous en fit, le nombre se réduisait presqu'à rien. Mais nous nous suffisions à nous-mêmes, et nous résolûmes de nous en tenir à une simple visite de politesse envers ceux qui ne nous conviendraient pas.

L'un était un gentilhomme en habit brodé, en épée, en chapeau gris et en sabots. Il ne connaissait que ses titres, ses vignobles et sa basse-cour. ce n'était pas l'homme qu'il nous fallait.

Un autre était un riche marchand qui singeait la noblesse, et qui n'en avait que les ridicules. Il aimait singulièrement à dire : Mon château, mes chevaux, mes chiens, mes laquais. Il n'osait pas dire encore mes vassaux; mais il se disposait à acheter une charge de secrétaire du roi. Du reste, l'avidité du gain avait glacé son âme, et de sa vie il n'avait su que son Barême. Nous nous promîmes bien de ne plus revoir monsieur le secrétaire du roi.

Nous trouvâmes, un peu plus loin, une comtesse qui avait, à quarante ans, la manie de passer pour une adolescente, qui parlait très-bien procès, qui ne trempait jamais son vin, et qui se consolait de son veuvage avec son chapelain. Nous dîmes adieu à madame la comtesse.

Nous entrâmes ensuite dans une

petite maison où tout était attachant. Nous fûmes reçus avec cordialité par un jeune homme de vingt-cinq ans, d'une figure intéressante. M. Lysi nous présenta à sa femme, très-jeune et très-jolie personne, qui donnait à teter à un enfant aussi beau que sa mère, pendant qu'un petit aîné, qui se soutenait à peine, jouait avec une de ses mains, et la caressait. La conversation de ces aimables campagnards nous intéressa : ils s'aimaient comme nous nous aimions. Nos cœurs trouvèrent auprès d'eux l'aliment qui leur convenait. Personne ne chercha à avoir de l'esprit, et tout le monde en eut. Il nous engagèrent tout bonnement à dîner avec eux, et nous acceptâmes de même.

Ils avaient pour voisin le grand-vicaire d'Angers, que nous étions décidés à ne pas voir. Le bien qu'ils nous en dirent nous détermina à lui faire une visite. Il nous accueillit avec cette noble aisance qui annonce un homme bien né et une éducation soignée. Il était jeune encore, aimable, enjoué, galant auprès de sexe, sans avoir l'air d'un homme à passions : il avait trouvé un moyen tout simple pour modérer les siennes. Les canons lui prescrivaient d'avoir une gouvernante de quarante ans : il l'avait prise en deux volumes. A cette faiblesse près, c'était un prêtre fort estimable. Il observait strictement les bienséances de son état, il était doux, tolérant, faisait du bien sans ostentation, et était aimé de tout le monde. Il était un peu musicien, et quand il sut que nous cultivions la musique avec quelque succès, il nous demanda la permission de se mêler à nos petits concerts : elle lui fut accordée d'aussi bonne grâce qu'il l'avait sollicitée.

Quelques jours après, mademoiselle d'Hérouville proposa de réunir chez nous la jolie nourrice, son mari et le grand-vicaire. Le concierge reçut nos ordres en qualité de pourvoyeur, et il les exécuta en maître-d'hôtel habile. Il nous servit un dîner somptueux, qui n'eut pourtant pas l'air de la cérémonie. Nous avions tous à peu près les mêmes goûts, la même tournure d'esprit, et, cette fois, le faste n'exclut pas le plaisir. Le grand-vicaire fut charmant : il gagnait à être connu. Il avait des connaissances très-étendues, qu'il laissait pénétrer, et qu'il ne cherchait pas à faire paraître : c'est la bonne manière d'être savant. Lysi faisait l'amour à sa jolie petite mère qui s'y prêtait avec la naïveté et les grâces de la nature : je me souvins de la mercuriale que Juliette m'avait faite dans le bateau, et je fus aussi sage que je pouvais l'être.

Après le dîner on fit de la musique et on dansa quelques allemandes, que le grand-vicaire voulut bien nous jouer. Nous étions très-échauffés et très-disposés à continuer, lorsqu'un carrosse et quelques domestiques à cheval arrêtèrent à la grille. Mademoiselle d'Hérouville reconnut sa livrée et jeta un cri affreux. Nos convives, qui ne se doutaient de rien, restèrent stupéfaits. Juliette courut à mademoiselle d'Hérouville, et moi à la croisée. « Cervières est avec eux, » m'écriai-je, et mademoiselle d'Hérouville se remit. Un officier général descendit de voiture. « C'est mon père, » dit mademoiselle d'Hérouville, tremblante comme a ffeuille. La nourrice et l'enfant descendirent ensuite, et j'allai au-devant d'eux. M. d'Hérouville avait un extérieur imposant, un air sévère qui justifiaient les craintes de sa fille. Elle se jeta à ses pieds; il la releva et l'embrassa. « Nous avons eu tous des « torts, lui dit-il; mais qui n'en a pas « quelquefois en sa vie? oubliez les « miens, je ne me souviens plus des « vôtres : voilà le gage qui nous ré- « concilie », et il lui mit son enfant dans ses bras ; «Voilà votre époux, » et il la mit dans les bras de Cervières.

La scène changea totalement. et on passa de la terreur à la joie. M. d'Hérouville, sa fille et Cervières se retirèrent dans une chambre voisine pour y parler librement de leurs affaires, et je ne pus éviter, de la part de nos convives, certaines questions très-naturelles après ce qui venait de se passer. Je crus que le parti le plus

simple était de prévenir les interprétations et les fausses conjectures. Je racontai l'histoire des amours de mademoiselle d'Hérouville et de M. de Cervières. On commença par s'attendrir, et on finit par applaudir au dénouement. Juliette devint pensive. Elle partageait sincèrement la satisfaction de son amie ; mais le sort de mademoiselle d'Hérouville allait être fixé, le sien ne l'était pas. Sa couche était prochaine, et le mystère allait se dévoiler aux fonts de baptême. Pour la première fois, elle se sentit humiliée. Je tirai le grand-vicaire à l'écart, et je l'instruisis de notre situation.
« Vous avez bien fait, me dit-il, de
« me donner votre confiance, et de
« ne pas vous adresser au curé des
« Rosiers : le bas-clergé est minu-
« tieux. On vous eût demandé un
« extrait de baptême, un certificat

« de catholicité pour Madame, on
« vous eût soumis à mille formalités
« désagréables, on vous eût fait éprou-
« ver des longueurs assommantes, et
« je vous dispenserai de tout cela. »
Cervières rentra et m'appela. « J'ai
« pensé à tout, me dit-il. J'ai fait
« publier un ban à Paris pour vous
« comme pour moi; j'ai pris dispense
« des autres, et nous en ferons autant
« ici. Nous avons souffert ensemble ;
« nous serons heureux le même jour. »
Le grand-vicaire prit les pièces, se
chargea d'écrire à Angers, de voir le
curé des Rosiers, et demanda, pour
récompense de ses démarches, le plaisir de nous marier tous les quatre.
Cervières se chargea, lui, de la rédac-
tion des contrats civils, et Juliette et
moi, nous n'eûmes d'autre peine que
d'attendre le moment de répéter à

l'autel un serment que nous nous étions fait mille fois.

M. d'Hérouville tenait à la haute noblesse : il en avait les vertus et les travers. Il était au désespoir d'avoir perdu son fils, et il ne pouvait vaincre la nature qui le ramenait à sa fille; il gémissait de voir son nom éteint, et il caressait le petit Cervières; il méprisait la roture, et il m'accorda son estime; il louait la simplicité des Duguesclin et des Bayard, et il faisait pour la noce de sa fille des préparatifs dignes d'un prince du sang.

Ce grand jour parut enfin. On avait convoqué la noblesse des environs, les corps civils et militaires de Saumur et d'Angers; on avait rassemblé les ménétriers, les gardes-chasses et les habitans du canton. M. d'Hérouville, en grand uniforme, donna la main à sa fille, et prit la tête du cortège ; Cervières conduisit Juliette, je donnai le bras à madame Lysi, et on se rendit à l'église au bruit des cloches, des violons, des hautbois et des boîtes. Le grand-vicaire nous attendait : homme aimable dans le monde, il avait à l'autel la dignité de son ministère. Quelques regards malins se tournèrent sur Juliette : elle dédaigna de s'en apercevoir. Elle conserva, pendant l'auguste cérémonie, le calme de l'innocence, et la sérénité qui sied à la vertu.

On revint dans le même ordre, et on s'ennuya magnifiquement à table, comme cela arrive toujours dans une société nombreuse, composée de gens qui ne se sont jamais vus, et qui ne doivent plus se revoir. On chercha des plaisanteries ; c'est le moyen de n'en pas trouver. On fit des contes aux mariés ; ce furent des contes à dormir debout. Quelques-uns me piquèrent; ils portaient sur Juliette. Elle n'en témoigna d'autre ressentiment que de se mêler plus directement à la conversation. Elle en changea la tournure, elle en régla le ton, et elle l'anima à l'instant. Que n'eût-elle point animé? on oublia qu'elle s'était mariée un peu tard, on ne vit plus qu'une femme accomplie, qui embellissait jusqu'à la beauté par les charmes de la raison et les grâces de l'esprit. On se tut, on l'écouta, on l'admira. C'est ainsi que Juliette aimait à se venger.

Rigide observateur de l'étiquette, M. d'Hérouville ouvrit le bal par un menuet, qu'il dansa très-bien, avec une présidente d'Angers, qui le dansa très-mal. On se mêla ensuite, et on forma des contre-danses. Juliette ne dansait pas. Le grand-vicaire, Cervières, M. d'Hérouville, tout ce qui

valait quelque chose se réunit autour d'elle. On lui fit une cour assidue; elle le remarqua, n'en tira pas vanité, et s'efforça de mériter cet hommage. Ces honneurs, rendus à la beauté et au mérite, rejaillirent jusqu'à moi. Ces Messieurs oublièrent que je n'avais pas l'honneur d'être gentilhomme ; quelques-uns m'appelèrent leur cher ami ; quelques-unes de ces dames avaient l'air de me dire: « Veuillez plu-
« tôt être le nôtre. » « J'aime qu'on te
« trouve beau, me disait Juliette tout
« bas, j'aime qu'on te trouve aima-
« ble ; mais ne le sois jamais que
« pour moi. »

On se quitta, comme on se quitte toujours à la fin de ces sortes de fêtes, fatigué du bruit, de soi-même et des autres. Cervières retrouva son épouse, je retrouvai ma Juliette, et M. d'Hérouville nous souhaita une bonne nuit.

Il est des souhaits qui manquent rarement leur effet : c'est une remarque que nous fîmes, Cervières et moi, le lendemain matin.

M. d'Hérouville déclara à son gendre qu'il fallait penser à retourner à Paris. Une des clauses du contrat de mariage était que Cervières acheterait de suite une charge de président-à-mortier, et M. d'Hérouville tenait beaucoup à cette clause-là. Il fallut s'occuper de la remplir sans le moindre délai. Madame de Cervières nous quittait avec peine. Elle nous pressait de nous fixer chez elle jusqu'au temps où nous aurions placé nos fonds ; mais Juliette était trop avancée pour entreprendre encore un voyage ; d'ailleurs elle raisonnait déjà en mère de famille. « Notre fortune est très-bor-
« née, disait-elle ; mais ce pays-ci
« est agréable, abondant, on y vit à

« bon compte, et nous y serons plus
« riche qu'ailleurs. Nous y avons trou-
« vé quelques personnes qui nous
« conviennent, et dont j'espère faire
« de vrais amis. Si Happy le trouve
« bon, nous nous établirons ici. — Un
« désert et Juliette, » lui répondis-je.
C'était ce qu'elle m'avait répondu elle-
même dans d'autres circonstances.
Nous n'avions qu'un cœur, qu'un
esprit, qu'une âme.

L'impitoyable M. d'Hérouville pres-
sa tellement son départ, que nous
n'eûmes pas le temps de nous prépa-
rer à cette triste séparation. Nos jeunes
femmes pleurèrent en s'embrassant;
Cervières et moi nous nous serrâmes
la main, et nous nous promîmes, du
fond du cœur, de nous aimer toute
la vie. Lysi, son aimable petite femme et le grand-vicaire, nous dédom-
magèrent un peu de la perte que

nous venions de faire : ils parvinrent ensuite à nous en consoler. Juliette se lia intimement avec madame Lysi. Même âge, même amour pour son époux, même fortune, mêmes vues économiques, moins de charmes, sans doute, un esprit moins cultivé; mais toutes les qualités estimable qui pouvaient intéresser Juliette, telles furent les bases sur lesquelles s'établit leur amitié.

Je reçus de mademoiselle Suson, un paquet volumineux. Elle m'instruisait des détails de ma naissance; elle m'apprenait que M. Bridault était mort d'une goutte remontée, et le Père Jean-François d'une indigestion. Elle vivait d'une petite pension que son maître lui avait laissée; elle était infirme, et il lui eût été bien doux d'avoir son fils auprès d'elle; enfin elle faisait des vœux pour mon bonheur, et elle m'envoyait les papiers que je lui avais demandés, et dont je n'avais plus besoin. Sa lettre, très-longue, était très-mal écrite, on le croira aisément ; mais le sentiment perçait à chaque ligne, il passait dans mon cœur, il le prénétrait. Juliette était allée voir madame Lysi ; elle rentra, et me trouva attendri. Elle m'en demanda la raison, et je lui donnai ma lettre. « Que comptes-tu faire « pour ta mère, me dit-elle après « avoir lu ? — Je n'ai rien, lui répon- « dis-je ; ce n'est pas à moi à donner. « — Tu n'as rien ! s'écria-t-elle ; eh ! « ce que je possède n'est-il pas à toi ? « Donne, mon ami, donne à ta mère ; « c'est à elle que je te dois. » Un mouvement d'admiration me fit tomber à ses pieds. Je les serrai, je les baisai, je les mouillai des larmes de la reconnaissance. « Que fais-tu ? me

« disait-elle en me relevant, c'est ta
« Juliette, c'est ta femme. — C'est
« l'image de la divinité. Laisse-moi
« l'adorer dans son plus bel ouvrage. »

Elle écrivit. Elle parla en fille tendre et respectueuse. Elle offrit, elle promit tout, elle aurait tout tenu : ma mère et moi nous ne devions plus nous revoir. Elle s'éteignait au moment où elle reçut la lettre de Juliette : elle se la fit lire, et elle mourut en paix.

La nature me rendit bientôt autant qu'elle venait de m'ôter. Juliette avait honoré ma mère ; elle méritait de l'être à son tour. Je souffrais de ses douleurs : « Elles sont douces, me dit-elle, puis-
« qu'elles vont te rendre père. » Les premiers cris de mon enfant retentirent jusqu'à mon cœur; ils doublèrent mes sensations, mon bonheur et mon être : ce sentiment délicieux ne s'éprouve qu'une fois. Que j'aimais à

le voir chercher, prendre, presser ce sein blanc comme l'albâtre, imprimer ses lèvres incertaines et vermeilles sur ce bouton qui avait la fraîcheur de la rose! Sollicitude, soins, prévoyance, amour, Juliette lui prodiguait tout. Qu'elle était grande, qu'elle était touchante, cette Juliette qui faisait ses plaisirs les plus doux du plus saint des devoirs! O mères! la couche nuptiale est le trône de votre gloire!

Un cœur tendre a besoin d'un Dieu, et sait l'adorer partout. Juliette, protestante, présenta son enfant dans un temple romain, et invoqua sur lui les bénédictions célestes. L'Être suprême entendit ses vœux, et les exauça. Il m'a laissé ma fille, elle charmera ma vieillesse, elle fermera mes yeux.

Nous nous occupâmes enfin de notre établissement. Nous étions encore chez l'ami de Cervières, et nous dési-

rions être chez nous. Le marchand-
secrétaire du roi avait fait manger son
magasin par ses chevaux, ses chiens,
et ses laquais. Lysi traita en notre nom
d'un très-joli domaine. Juliette le vit,
observa, calcula tout. « Qu'en penses-
« tu, me dit-elle ? — Ordonne, lui ré-
« pondis-je; » et nous signâmes le
contrat.

Elle se mit à la tête de sa maison.
Lysi lui donnait des leçons d'agricul-
ture, elle les exécutait. Elle dirigeait
les travaux, récoltait les moissons,
encourageait ses domestiques, et s'en
faisait aimer; sa fille commençait à lui
sourire, et répondait à ses caresses;
j'étais toujours son amant, Lysi et
sa femme étaient fiers de son amitié;
elle rassemblait sur elle seule tous les
sentimens consolateurs qui font supporter la vie, et elle répandait autour

d'elle l'aisance et le bonheur : elle avait dix-neuf ans.

Cinq années s'écoulèrent comme un jour sans orage. On nous avait parlé d'une révolution; le sang avait coulé à Paris. Nous avions déploré les malheurs qui menaçaient la France, sans soupçonner qu'ils pussent jamais nous atteindre. Nous n'avions rien qui pût tenter la cupidité ou l'ambition : nous n'étions riches que de notre bonheur. Un événement imprévu nous rejeta dans le monde, et nous conduisit par des routes inconnues au dernier terme de la misère humaine.

Depuis quelque temps madame Lysi était atteinte d'une mélancolie profonde. Elle avait perdu sa fraîcheur, elle languissait, elle périssait. Elle supportait la tendresse de son époux; elle n'y répondait plus. Elle repoussait les soins obligeans de Juliette; mon amitié l'embarrassait; elle ne se souvenait qu'elle était mère que pour en remplir les devoirs les plus indispensables. Une amertume secrète empoisonnait jusqu'aux caresses de ses enfans.

Son mari l'adorait, et son état l'affligeait sensiblement. Il souffrait d'autant plus, qu'il n'avait fait que de vains efforts pour en découvrir la cause. « J'ai perdu la confiance de ma fem-
« me, nous disait-il quelquefois, et
« je ne me connais pas l'ombre d'un
« tort à son égard. Si j'en ai, qu'elle
« le dise; que je puisse au moins les
« réparer. » Juliette et moi nous la pressions de parler. Nous lui représentions que son silence faisait le malheur de son époux, et devait ajouter au sien. « Il a partagé vos plaisirs, lui
« disait Juliette; il a droit à partager
« vos chagrins. On n'aime plus l'objet

« auquel on cache quelque chose.
« Cette triste vérité, Lysi la sent,
« elle l'afflige, elle l'humilie. Ma bonne
« amie, faites quelque chose pour
« votre époux; soulagez son cœur :
« peines d'amour sont si cruelles! » La vérité de ce langage la frappait; elle devenait plus triste, et ne répondait rien. Nous nous apercevions que nos instances lui étaient à charge, et, par une contradiction singulière, inexplicable, elle nous cherchait plus souvent; elle passait les journées entières avec nous, et le soir elle regrettait d'être obligée de nous quitter.

Juliette était allée à Angers pour habiller sa fille, et Lysi fut obligé de faire un voyage à Tours pour la vente de ses vins. Il partit avec peine, et me pria instamment de ne pas quitter sa femme. J'étais seul chez moi; elle m'offrit un lit; je crus devoir l'accepter.

J'avais passé deux jours avec elle sans m'en éloigner d'un moment. Elle aimait la promenade; elle s'appuyait sur mon bras, pâle, abattue, et toujours intéressante. Je lui parlais; elle m'écoutait avec peine; un sourire presque imperceptible effleurait ses lèvres; elle ne répondait que des mots; mais ils n'avaient rien de pénible. A la fin du second jour elle se livra davantage; ces traces d'une longue tristesse commençaient à s'évanouir; elle me marquait plus de confiance, et je voulus en profiter. Je la priai, je la conjurai de me dévoiler la cause de sa peine. Je lui parlai avec la chaleur, l'intérêt pressant d'une vive amitié. Ses joues se colorèrent; deux fois elle ouvrit la bouche; deux fois elle se tut. J'insistai; je pris sa main dans les miennes, je la caressai, je la grondai, je la suppliai de nouveau. « Que d'efforts,

« me dit-elle, pour devenir peut-être
« aussi à plaindre que moi! — Vous
« en avez trop dit pour ne pas ache-
« ver. — Est-il besoin de vous en dire
« davantage? — Non, Madame, je
« crains de vous trop entendre. — Ne
« me reprochez rien; c'est vous qui
« l'avez voulu. — Vous reprocher
« quelque chose! N'attendez de moi
« que des soins et des consolations.
« — Et c'est-là tout ce que vous m'of-
« frez!... » Jamais je n'avais souillé le
lit de personne. La femme de Lysi surtout devait être sacrée pour moi. Ces
réflexions devaient prévenir la faute,
et ce fut la faute qui les fit naître.

Madame Lysi fondit en larmes.
« J'allais mourir, dit-elle, de ne vous
« point avoir, et je mourrai de vous
« avoir eu. Je me croyais malheu-
« reuse, et j'avais encore mon estime.
« Lysi ne pouvait me reprocher que

« ma froideur, et je l'ai déshonoré.
« Votre femme vous adore, et ma
« faiblesse l'outrage. Que d'infortunés
« à la fois!.... Mon ami, reprenait-elle
« en sanglotant; ah! mon ami, ne
« me méprisez pas. J'étais née pour
« être toujours vertueuse. Une pas-
« sion cruelle, insurmontable, me
« conduisait à pas lents au tombeau.
« J'allais y descendre : vous ne l'avez
« pas voulu. Vous m'avez arraché
« mon secret; vous avez arrêté sur
« mes lèvres mon âme prête à me
« quitter..... Achevez votre ouvrage.
« Surmontez, étouffez mes remords. »
Je n'avais pas l'habitude du crime :
celui-ci m'effraya. J'étais dans un état
qui différait peu de celui de madame
Lysi. « Tu t'échappes de mes bras,
« tu t'éloignes de moi, s'écria-t-elle..
« Happy, trop séduisant Happy, ah!
« reviens, reviens; aime-moi, dis-

« moi que tu m'aimes ; trompes-moi
« s'il le faut, je bénirai mon erreur. »

Huit jours se passèrent dans ces alternatives de repentir et de faiblesses : on n'a qu'un moment pour revenir à soi. Le laisse-t-on échapper, on s'engage plus avant ; on ne peut plus rétrograder. Sans y avoir pensé, sans l'avoir cherché, sans l'avoir voulu, je me trouvai en commerce réglé avec madame Lysi. Ce n'était pas précisément de l'amour que je sentais pour elle. C'était un mélange de compassion, d'amitié, et peut-être d'amour-propre. Elle était heureuse, elle me le disait, et quelquefois je croyais l'être, quand la présence de Juliette ne me reprochait pas ma conduite.

Madame Lysi recouvra bientôt sa santé et ses charmes. Elle devint folâtre, enjouée même. Lysi et Juliette, parfaitement tranquilles, applaudissaient à l'heureux changement qu'ils remarquaient chaque jour, et nous poussions l'oubli de nous-mêmes jusqu'à insulter à leur sécurité. Nous ne pensions plus que cette sécurité nous supposait des vertus que nous avions perdues. Lorsqu'on est parvenu à ce degré de dépravation, on ne peut plus même entrevoir le terme où l'on s'arrêtera. Madame Lysi cessa bientôt de se contraindre. Elle devint exigeante, altière, méprisante envers son mari. Elle me cherchait, elle me suivait partout. Elle se permettait des indiscrétions qui eussent éclairé Lysi, s'il eût pu soupçonner sa femme et son ami. De mon côté, je négligeai Juliette. Elle était trop tendre pour ne pas s'en apercevoir, et trop délicate pour se plaindre. Cependant elle m'observait de très-près, sans que je m'en doutasse. Point de démarches directes, point de questions, pas un mot qui décelât ses chagrins. C'est dans mon cœur qu'elle m'étudiait : c'est là qu'elle acquit la funeste conviction de mon infidélité.

Il fallait un miracle pour me ramener de mon égarement. Juliette seule pouvait l'entreprendre; elle seule pouvait l'opérer. Un matin elle s'enferma avec moi : elle se recueillit, et se disposa à parler d'un air calme et réservé. « Je ne vous ferai point de re-
« proches, me dit-elle; vous m'avez
« trop appris qu'on n'est pas maître de
« son cœur. Il est affreux pour moi
« d'avoir perdu le vôtre...... » Je voulus l'interrompre. « Point de mots,
« reprit-elle; écoutez-moi. Si vous
« n'aviez eu qu'un de ces momens
« d'oubli si ordinaires aux hommes,
« et si douloureux pour nous, je ne
« désespérerais de rien. Mais depuis
« plusieurs mois vous vivez avec une

« mère de famille, avec l'épouse de
« votre meilleur ami. Vous vous êtes
« soumis à des détours, à la feinte, au
« mensonge ; vous êtes réduit à trom-
« per sans cesse ce qui vous envi-
« ronne, et ce qui vous fut long-
« temps cher. Ces circonstances ag-
« gravantes annoncent un amour vio-
« lent ou une âme dépravée, et dans
« l'un ou l'autre cas il faut nous sé-
« parer. » A ce terrible mot, dont je
n'avais pas même conçu l'idée, le voile
se déchira. Je baissai les yeux, et je
n'osai les relever sur Juliette. Je comparai ces jours sereins et purs que
j'avais coulés auprès d'elle, à ce bonheur idéal et mensonger que je goûtais
dans les bras de madame Lysi. Je ne
pus me dissimuler que je m'étais attaché à une femme qui avait été à plaindre sans doute, mais qui était devenue méprisable. Combien Juliette

gagnait à la comparaison rapide que je faisais d'elle à madame Lysi! Si jamais la vertu habita sur la terre, c'est sous les traits de Juliette qu'elle a daigné se communiquer aux mortels. C'est à Juliette que je devais des talens, quelques qualités estimables, et surtout mon bonheur passé, qu'elle avait payé par tous les sacrifices qu'une femme sensible peut faire à l'amour, et la plus noire ingratitude était sa récompense! Mon cœur se gonfla; deux ruisseaux de larmes s'ouvrirent.

« Nous séparer! nous séparer! m'é-
« criai-je d'une voix entrecoupée....
« — Ne le sommes-nous pas déjà?
« Exigerez-vous que je sois plus long-
« temps témoin du triomphe d'une
« rivale?..... — Une rivale! Madame
« Lysi la rivale de Juliette! — Et ma
« rivale heureuse : il ne m'est plus
« permis d'en douter. Je me retire

« chez madame de Cervières. — Je
« t'y suis. Je quitte, j'abandonne tout
« pour m'attacher irrévocablement à
« toi. Si Juliette peut vivre sans moi,
« je sens que je ne peux vivre sans
« elle. Une âme comme la tienne sera-
« t-elle inaccessible à mes regrets ?
« Serais-je à tes pieds si j'étais un
« homme vicieux ? Les mouillerais-
« je de mes larmes si tu avais perdu
« tes droits sur mon cœur ? C'est le
« père de ta fille, c'est ton époux,
« c'est ton amant qui te demande
« grâce.... Pardonne-moi, pardonne-
« moi.... Laisse-moi respirer encore
« le souffle de la vertu. » Elle me
releva, et me fit asseoir auprès d'elle.
« Voilà mes conditions, me dit-elle.
« Je vous crois vrai en ce moment ;
« mais vous êtes faible, et je sais
« quelle impression vous avez dû faire
« sur le cœur de madame Lysi. Elle

« ne négligera rien pour vous attirer à
« elle, et je ne veux pas, je ne dois pas
« être le jouet de la passion que vous
« lui avez inspirée. Je persiste dans
« mon dessein. Je vais chez madame
« de Cervières, et vous resterez quel-
« ques jours ici. Vous consulterez
« votre penchant et vos forces, vous
« choisirez librement entre madame
« Lysi et moi. — Mon choix est fait.
« Juliette, toujours Juliette, rien que
« Juliette ! — Eh bien ! si après l'avoir
« revue, si après lui avoir annoncé que
« vous la quittez pour toujours, vous
« résistez à ses prières, à ses pleurs ;
« si vous revenez à moi sans être
« soutenu, encouragé par ma pré-
« sence, vous retrouverez votre épou-
« se ; vous la retrouverez telle qu'elle
« fut toujours. » Je voulus prendre
sa main ; elle la retira, et sortit.

Incapable de manquer à ses réso-

lution, elle disposa tout pour son départ. Elle plaignait sincèrement Lysí; elle prit congé de lui de la manière la plus affectueuse. Elle reçut les feintes caresses de sa femme avec une indignation froide; elle me quitta sans marques apparentes de satisfaction ni de douleur. Je la suivis jusqu'à sa voiture. J'étais suppliant, souffrant, inanimé. Je pris sa main, elle me la laissa; je la pressai, et sa main fut muette. J'embrassai ma fille et je la lui remis : elle l'embrassa à l'endroit même où j'avais touché sa joue; ce baiser adoucit ma blessure. Elle partit, et je rentrai chez moi. Je trouvai sur ma table un billet de Juliette; il ne contenait que ces mots : « Si vous
« avez la force de rompre, que ce soit
« sans aigreur. N'oubliez pas ce qu'un
« homme doit d'égards aux femmes,
« même à celles qui en méritent le
« moins. »

Madame Lysi entra, et me félicita de l'absence de ma femme. « Cette
« absence ne sera pas longne, lui dis-
« je. — Elle reviendra! — Je vais
« la joindre. — Je vous le défends.
« — Je ne suis resté que pour dé-
« plorer avec vous l'aveuglement qui
« nous a trop long-temps égarés, pour
« vous rendre à votre époux, à vous-
« même, à vos enfans; pour réparer,
« autant qu'il est en moi, le désordre
« que j'ai mis dans votre maison.
« — Vous ne me direz rien que
« je ne me sois déjà dit à moi-mê-
« me. Il est inutile de vous étendre
« en raisonnemens et en maximes
« Rien ne peut me ramener au point
« d'où je suis partie, et il y a long-
« temps que je ferme les yeux sur la
« profondeur de l'abîme qui m'avait
« d'abord effrayée. — Les miens se
« sont ouverts, Madame; il m'en

« coûte de vous affliger, mais il faut
« nous quitter, absolument il le faut. »
Je m'attendais à une scène orageuse,
déchirante. Madame Lysi ne tenait
pas plus alors à son amant qu'à son
époux. Cette femme, autrefois si douce, si décente, s'était familiarisée avec
le vice, elle en avait les expressions,
elle ne savait plus rougir. O femmes!
femmes, qui n'avez qu'un pied dans
le sentier du crime, qui pouvez, par
intervalles, entendre encore le cri
d'une conscience alarmée, gardez-vous de l'étouffer, fuyez l'objet séducteur, entourez votre cœur d'un triple
airain : vous ignorez à quel point de
dégradation une femme pudique peut
descendre.

Soumis aux ordres de Juliette, je
restai deux jours encore. Madame
Lysi m'évita ; son infortuné mari me
donna des preuves d'amitié qui m'affli-

gèrent pour la première fois : je n'en étais pas digne. Il voulut bien se charger d'affermer notre petite terre; je lui laissai ma procuration, et je pris, à pied, la route de Tours, pour ménager un faible revenu dont je ne me croyais plus le droit de disposer.

A mesure que je m'éloignais des Rosiers, je me sentais soulagé, je respirais avec plus de facilité, je m'applaudissais de ma victoire, je me promettais encore de beaux jours. « Je « ne suis plus, me disais-je, je ne « suis plus un être immoral, isolé ; « je vais me réunir à ma femme, à « mon enfant. » Je courais, je volais ; la vigueur de mes membres ne secondait pas mon impatience. Je marchai, sans m'arrêter, des Rosiers jusqu'à Tours; il y a dix-neuf lieues. J'avais pris un morceau de pain avec moi, et quand ma langue desséchée s'attachait à mon palais, je descendais la levée, je me désaltérais dans la Loire, et je poursuivais mon chemin. Je n'espérais joindre Juliette qu'à Paris; mais je fus forcé de m'arrêter à Tours, pour prendre un peu de repos. J'entrai dans cette même auberge, où quelques années auparavant j'avais passé une nuit si douce et si tranquille. Ma fille était dans la cour; elle jouait avec les enfans de la maison. Dès qu'elle me vit, elle accourut à moi. « Où est ta mère? — Oh! elle est bien « malade. — Elle ne l'est plus, s'écria « Juliette, en se précipitant dans mes « bras; elle a retrouvé Happy et le « bonheur. » Elle me serra sur son sein, elle me combla des plus tendres caresses; l'impression de la joie ajoutait à sa beauté. Je ne parlais pas, je n'en avais pas la force. Il ne m'en restait que pour sentir une félicité nouvelle. Elle me fit entrer dans sa chambre; je retombai à ses genoux. « C'est au coupable à s'humilier, « s'écria-t-elle en me relevant. L'hom- « me qui renaît à la vertu a recouvré « mon estime; et si mon amour, si « cet amour brûlant, qui ne se dé- « mentira jamais, est de quelque prix « à ses yeux, qu'il en jouisse, qu'il le « savoure, qu'il en épuise la source « dans des torrens de volupté. »

Les combats qu'elle s'était livrés pour me cacher le mal que lui faisaient mes désordres, l'insensibilité qu'elle avait marquée en me quittant, et qui était si loin de son cœur, la crainte de m'avoir perdu sans retour, toutes ces causes réunies l'avaient vivement affectée, et elle était arrivée à Tours avec une fièvre violente. « La paix de « l'âme est le premier médecin, me

« dit-elle en souriant; » et, en effet, la fièvre ne revint plus.

Nous continuâmes notre route, et nous arrivâmes à Paris, plus empressés, plus amoureux que jamais. Cervières et sa femme nous reçurent comme nous nous y étions attendus; mais la tristesse était peinte sur leurs visages. Cette maison, autrefois si brillante, n'avait plus rien de sa splendeur passée. Cervières avait perdu sa charge; M. d'Hérouville était émigré, on avait séquestré ses biens, et il ne restait à sa fille que le cœur de son mari. « Nous
« sommes réduits à l'exact nécessaire,
« me dit Cervières; mais nous le par-
« tagerons avec vous jusqu'à ce qu'un
« emploi lucratif supplée à la modi-
« cité de votre revenu. Vous n'êtes
« pas né, comme moi, dans une caste
« proscrite; vous êtes dans l'âge où
« on intéresse, et vous êtes propre à

« tout. Le mérite n'est pas encore
« persécuté : montrez-vous, sollici-
« tez, et si ceux qui sont maintenant
« à la tête des affaires veulent vrai-
« ment le bien public, ils se hâteront
« de vous employer. »

Juliette pensa comme M. de Cervières. Fière de son époux, elle désirait qu'il se distinguât de la foule commune, qu'il fixât l'attention, qu'il acquît des droits à la considération et à la reconnaissance publique. L'occasion était favorable; elle me conseilla de la saisir.

Mon inclination s'accordait assez avec les vues de Juliette et de Cervières. Je n'étais pas un ambitieux; mais j'avais cette noble émulation, inséparable de quelque mérite, et je résolus de m'occuper de mon avancement.

CHAPITRE VI.

Les portraits à la mode

Je ne reconnus point Paris. Plus d'équipages, plus de dorures, plus d'industrie, plus de gaîté. Des atteliers vides, des hôtels dévastés, l'ortie et le chardon croissant dans les cours, l'inquiétude dans tous les yeux, la tristesse dans tous les cœurs. Des princes couraient les rues en carmagnoles, des duchesses en robes d'indienne, des agioteurs en wiski. Mon tailleur était inspecteur des remontes, mon perruquier fournisseur des armées, mon brasseur général, et mon boucher législateur. Toute la France jouait *à la toilette madame* : tout le monde changeait de place.

Je lisais partout en gros caractères, *l'égalité ou la mort*, et personne ne voulait être l'égal de son voisin. L'homme en place ne reconnaissait plus son égal qui l'avait élu; le nouveau riche méprisait le misérable qu'il avait dépouillé. Chacun sentait intérieurement qu'il n'était pas l'égal de celui qui pouvait l'égorger au nom de l'égalité; pour moi, j'étais bien convaincu qu'un nain n'est pas l'égal d'un géant, qu'un sot n'est pas l'égal de Collin, et qu'un barbouilleur n'est pas l'égal de David. L'égalité n'était que sur les murs, et sa place est aux tribunaux.

Le drapeau tricolor flottait à toutes les croisées, ce qui n'empêchait pas la nation de s'emparer de la maison, quand elle en avait besoin.

La cocarde avait été jusqu'alors un signe de ralliement, et tous les partis portaient la cocarde. Quand tout le monde la porte, c'est comme si personne n'en portait.

Au milieu des orages politiques, la mode avait conservé ses droits. Au 12e, 13e, 14e et 15e siècles, on portait une soutane qui descendait jusqu'aux pieds, on se couvrait la tête d'un capuchon avec un bourrelet en haut, et une queue qui tombait derrière; sous Charles V, on porta des habits *blasonnés;* sous Charles VI, l'habit *mi-parti,* semblable à celui des bedeaux; sous François Ier, on quitta l'habit long pour donner dans l'extrémité opposée; on adopta le pourpoint à petites basques et le pantalon serré. Sous les règnes de Henri II, de François II, de Charles IX, de Henri III et de Henri IV, on était vêtu précisément comme l'ont été depuis nos coureurs, au petit manteau près, que les coureurs n'avaient pas. Sous Louis XIV, tous les hommes eurent la manie des perruques. On en portait de si volumineuses, qu'elles tombaient presque à la ceinture. L'habit descendit jusqu'aux genoux; mais il était si ample, qu'avec ce qu'il y avait d'étoffe dans les paremens et dans les basques on ferait aujourd'hui une culotte et deux gilets. Sous Louis XV, les habits cessèrent d'être ridicules, les jeune gens quittèrent la perruque, et on imagina les poudres de couleur. Les aimables du jour se poudraient en roux, en gris, en noir et en couleur de rose.

Sous François II, les hommes avaient trouvé qu'un gros ventre donnait un air de majesté, et les femmes imaginèrent qu'un gros cul devait produire le même effet. On eut de gros ventres et de gros culs postiches. Quand j'avais quitté Paris, les femmes trouvaient très-joli de ressembler à une guêpe. En conséquence, elles se serraient le bas de la taille, et portaient des bouffantes. Quand j'y revins, elles croyaient qu'il vallait mieux ressembler à une planche : elles étaient toutes longues et plates comme l'épée de Charlemagne. Tous les hommes avaient quitté la perruque ; les femmes s'en affublèrent. J'ai vu des blondes en perruques noires, des brunes en perruques blondes, ce qui allait très-bien à l'air de leur figure.

Sous ce même François II, les femmes s'avisèrent tout à coup de se couvrir le visage avec un masque appelé *loup*. Cette mode fut sans doute mise en vogue par quelque laidron de qualité, ou quelque mari jaloux. On allait masqué au bal, à l'église, au spectacle, à la promenade. A mon retour à Paris, les jeunes gens avaient trouvé très-avantageux de se couvrir la moitié du visage avec des bésicles, et de ressembler à des échappés des Quinze-Vingts. Les hommes portaient des gilets et des pantalons de grosse laine, les cheveux plats et gras, des bas crottés, et des mains sales; c'était le signe par excellence du patriotisme : on y joignait le bonnet rouge aux jours de grande cérémonie. Les jeunes gens se sont coiffés depuis en *chiens-canards*, sans doute pour donner à leurs maîtresses une haute idée de leur fidélité; ils ont porté deux ou trois gilets de différentes couleurs, et des culottes qui descendent jusqu'au milieu du mollet. Pour être bien fait aujourd'hui, il faut avoir les cuisses très-longues et les jambes très-courtes.

La mode s'étendait jusqu'au langage. On avait renoncé à la langue de Racine; on y reviendra peut-être. Quoi qu'il en soit, il fut indécent d'être clair, intelligible, et surtout d'articuler. On supprima tous les *r*, et au défaut d'idées, on employait des mots. On avait sa *pa-ole d'honneu*, sa *pa-ole panachée*, et ces *pa-oles*, placées partout à tort et à travers, étaient devenues *le fond de la langue*.

Les grands hommes du jour avaient jugé à propos de s'assimiler aux grands hommes de l'antiquité. On dédaigna de s'appeler *Antoine*, *Guillaume* ou *Boniface*. C'étaient *M. Aristide*, *M. Décius*, *M. Caton*, *M. Brutus*, et ces Messieurs ressemblaient à leurs nouveaux patrons, comme le roi *Théodore* ressemblait *à Gengis-Kan*. Madame *Décius* et madame *Caton*, ci-devant blanchisseuses de bas de soie ou de tuyaux de pipes, cachaient leurs corsets rouges sous des linons, balayaient les ruisseaux avec des falbalas de dentelles, de peur de laisser voir, en se troussant, leur jupon de siamoise. Elles ont aujourd'hui des bagues à tous leurs doigts, qu'elles lavent régulièrement tous les jours; elles apprennent à lire dans des livres reliés en maroquin et dorés sur tranche. Elles disaient autrefois : *ce n'est pat à moi;* elles disent maintenant : *ce n'est poins à vous,* ce qui est beaucoup plus doux à l'oreille. Elles ont le ton mielleux quand elles ne jurent pas, et si elles s'arrachent quelquefois le bonnet, ce n'est plus que chez elles. Elles n'osent pas encore se permettre la voiture; mais elles commencent à couvrir avec du rouge leur crasse baptismale.

De très-grands génies firent de petites comédies en un, deux et trois actes, pour prouver grammaticalement au public que *tu* est un singulier, *vous* un pluriel, qu'un homme est *tu* et non pas *vous*, et le public trouva cette idée très-ingénieuse. La Convention nationale, qui n'avait rien de mieux à faire ce jour-là, invita tous les bons Français à n'être plus *vous*, et à se contenter d'être *tu*. *Tu* avait son agrément quand on l'adressait à une jolie femme qui voulait bien vous le rendre, et *tu* devint à la mode comme tant d'autres choses. *Tu* passa des boudoirs à la tribune, dans les administrations, dans les tribunaux. On lisait en entrant dans tous les bureaux possibles : *Ici on se tutoie. Fermez la porte, s'il vous plaît.*

Jusqu'ici il n'y avait eu que des ridicules, et des ridicules ne sont pas dangereux. Mais l'ignorance, le mauvais goût, la perversité, la cruauté la plus atroce, furent aussi à la mode. Le cœur saigne en se rappelant ces excès; la plume se refuse à les écrire. On commença par déclarer la guerre aux arts. On jugea que le Misanthrope, la Metromanie, le Philinte de Molière et le Vieux Célibataire, étaient des ouvrages anti-civiques, parce qu'on y trouve des comtes, des marquis, des habits brodés, et qu'on ne s'y tutoie pas. L'ancien répertoire fut sévèrement interdit, et les *Aristides*, les *Décius* s'emparèrent de la scène. Il fallut avaler tranquillement les pilules de ces charlatans, à peine de passer pour mauvais citoyen. Bientôt on défendit expressément aux gens de lettres qui avaient le sens commun de traiter d'autres sujets que des sujets patriotiques, et ces pièces patriotiques étaient des diatribes qui favorisaient les vues de tel ou tel parti. On rétablit la censure au nom de la Liberté. On choisit pour couper les ailes au génie, un ancien laquais de Suard qui avait appris à lire dans son antichambre ; on lui donna pour assesseurs deux individus qui écrivaient *police* par deux *ss*. Ceux qui pouvaient maintenir l'honneur des lettres furent effrayés et se retirèrent. Mais en récompense, quarante ou cinquante grimauds écrivirent tant et tant, qu'ils parvinrent à éteindre le goût, à assommer la raison et à hébêter le public ; c'ést ce qu'on voulait : les fripons redoutent les lumières. On avait fermé les colléges ; on se garda bien de les rouvrir : des républicains ne doivent pas savoir lire. On a conservé cependant quelques restes des langues mortes. Nous avons des mètres, des kilomètres, des miriagrammes, renouvellés des Grecs par des Grecs qui *écorchent* le français.

Point d'effet sans cause. Le monde existe; il a une cause. Quelle est-elle ? Tous les hommes prétendent la connaître; elle est impénétrable. De la faiblesse et de l'orgueil humain sont nées toutes les religions, qui toutes ont leurs miracles, et qui toutes se tournent en ridicule, quand l'esprit de parti n'éveille pas les passions et n'ensanglante point la terre. Les vieilles religions ne sont plus à craindre; elles ont perdu la ressource du merveilleux qui excite l'enthousiasme, et une religion sans enthousiasme se réduit à bien peu de chose; elle est abandonnée à quelques vieilles femmes, à quelques hommes faiblement organisés, qui croient de bonne foi, qui passent une partie de leur vie à genoux devant leur chimère, et ceux-là ne troublent pas l'ordre social. Il est cruel de leur ôter une erreur consolante; il est atroce de les persécuter. On porta en plein jour les vases sacrés à la Monnaie, et les charretiers s'en servaient en chemin aux usages les plus vils; ils revêtaient les habits sacerdotaux, et les portaient d'une manière dérisoire. Le Dieu des Français se tut. Mais le Français sentit renaître sa ferveur. On avait fermé des temples vides; la foule se rassembla à la porte; on poursuivit les prêtres, et les prêtres inspirèrent de l'intérêt. Au lieu de les attacher au gouvernement par la douceur, et surtout par un traitement honnête, on les aigrit par la violence et le mépris; on leur donna très-peu d'un très-mauvais papier, et ils remuèrent; on les proscrivit, et ils suscitèrent la guerre de la Vendée; on les noya, et leurs sectaires en ont fait des martyrs.

Il était de la politique de ménager le clergé ; l'expérience de dix siècles avait appris quelle était son influence sur le commun des hommes. Il est vrai cependant que la plupart des prêtres ne méritait aucun ménagement. Des vicaires prêtèrent tous les sermens qu'on exigea d'eux pour devenir curés. Des curés dénoncèrent leur évêque pour monter à l'épiscopat. Quelques-uns renièrent leur Dieu pour obtenir des emplois lucratifs, et vivre dans la licence à la faveur du désordre inséparable d'une révolution. Les moins déhontés éponsèrent leurs concubines ; d'autres se marièrent par intérêt, et gardèrent leur servante par libertinage et par habitude ; presque tous prirent des femmes perdues : un être vil ne trouve à s'associer qu'avec un être qui lui ressemble.

Quelques époux étaient mal assortis; on autorisa le divorce, on lâcha la bride aux passions, on rompit tous les liens sociaux. La femme renonça à l'estime, et crut pouvoir s'en passer. Elle se livra sans pudeur aux obscénités de plusieurs hommes qu'une loi insensée appelait ses maris, et elle osa prononcer encore le mot *vertu* avec des lèvres souillées de la lave du vice. Des hommes abusèrent de cette loi barbare pour tromper, pour perdre l'innocence. Ils jurèrent amour, fidélité à des vierges qu'ils brûlaient de déflorer, pour les abandonner ensuite à de vains, à d'impuissans regrets; et tel est l'avilissement de ces prétendus époux, que leurs victimes languissent, sèchent et meurent sans trouver un homme estimable qui daigne leur succéder.

On reconnut les bâtards. L'homme sans frein put avouer publiquement les fruits de son libertinage, ou dépouiller en leur faveur les héritiers légitimes d'une épouse vertueuse. Que reste-t-il à la mère infortunée qu'on afflige jusque dans ses enfans ? L'abandon, le mépris de son époux, et le souvenir de sa turpitude.

Tout tendait à une désorganisation générale. Le peuple, étourdi par la rapidité des événemens, ne savait ce qu'il devait craindre ou espérer. Sans gouvernement, sans lois, sans morale, sans pain, il voyait ses bourreaux insulter à sa misère, et salir les murs d'affiches adressées au peuple souverain. Quel souverain, grand Dieu ! On le flagornait, on le trompait, on l'égarait, on le perdait en son propre nom, et il ne s'en doutait pas. Il s'arrêtait devant ces affiches, les lisait, n'y entendait rien, et faisait ce qu'on lui faisait faire, et allait où l'entraînaient les factieux de tous les partis. Il cria *vive le roi* et *à bas le tyran* ; il cria *Pétion ou la mort*, et il proscrivit Pétion. Il fit le dix août, les deux et trois septembre, et le trente-un mai. Il porta Marat au Panthéon, et le jeta à la voierie. Il adora Robespierre, et le chargea d'imprécations au moment de sa mort. La crédulité des peuples est le patrimoine de ceux qui savent les tromper.

Au milieu de ce désordre effrayant, le crime seul marchait d'un pas tranquille. Quand un pays est déchiré par des factions qui se croisent, qui se heurtent, qui se froissent et qui s'écrasent, pour être écrasées à leur tour par un parti plus puissant ou plus adroit, le bien public n'est qu'un mot dont on abuse pour masquer la perfidie, le vol, l'assassinat. Alors la vertu se cache, ou elle est immolée. Le crime seul ose lever sa tête hideuse, il plane dans les airs, il marque ses victimes, il les frappe ; on les pleure et on se tait.

On établit un tribunal révolutionnaire. Le sol français s'hérissa de nouvelles bastilles ; la moitié de la nation rivait les fers à l'autre. Tous les jours des charretées de proscrits étaient traduites devant le tribunal, qui les envoyait au supplice sans les interroger et sans les entendre. Le jury se déclarait en son âme et conscience suffisamment instruit, dès qu'il avait entendu les noms des accusés. Ils étaient *aristocrates*, *fédéralistes*, ou *suspects*, selon que ces mots servaient la rage des bourreaux qui voulaient les immoler. Le peuple devenu féroce, suivait en foule les charrettes ; et tel qui insultait au malheur, ne pensait pas que sa tête tomberait dès qu'elle serait inutile ou à charge à ses tyrans.

J'avais rempli successivement plusieurs emplois avec la probité sévère de l'homme qui connaît ses devoirs et qui sait les respecter ; ma probité m'avait fait perdre mes emplois. Elle gênait certains hommes, dont elle était la satyre muette ; j'avais des ennemis, par cela seul que j'avais servi mon pays avec courage et franchise. On n'avait point encore l'habitude des meurtres juridiques, et on ne pensa point à m'assassiner. La haine se contenta de ma destitution.

Juliette voyait les nuages se grossir, s'amonceler ; elle prévit l'explosion. Ses instances me déterminèrent à rentrer dans cette classe ignorée, qui n'a dû son salut qu'à son obscurité. Cependant, le discrédit du papier réduisait notre revenu à rien ; les talens étaient délaissés, et les miens m'étaient à peu près inutiles; le besoin allait se faire sentir. Mon âme, trop sensible, éprouvait d'avance ce qu'il a d'affreux, et je ne regardais plus Juliette et ma fille sans gémir intérieurement sur le triste sort qui leur était réservé.

Pendant que j'occupais des places lucratives, j'avais soulagé Cervières et sa famille, dont la situation n'était rien moins qu'heureuse, et ces vrais amis avaient eu la générosité d'appuyer les instances de Juliette : ma sûreté leur paraissait préférable à tout. Nous souffrions ensemble, lorsque Cervières fut attaqué d'une tristesse profonde, que j'attribuai d'abord à des privations auxquelles il n'était pas accoutumé. Je m'en expliquai avec lui. Son âme était au-dessus des coups de la fortune; mais elle n'était pas inaccessible à la crainte. Il avait vu périr ses meilleurs amis ; il tremblait pour sa vie, et ce n'était pas sans sujet. Un soir nous étions tous réunis, selon notre usage ; nous soupions et nous trouvions quelque soulagement à nos peines, entre nos femmes et nos enfans · on frappa à la porte. L'aîné des enfans de Cervières fut ouvrir ; c'étaient des sbires qui venaient arrêter son père. Ils se répandirent dans la chambre avant que nous pussions nous mettre en défense. L'extrême danger où se trouvait Cervières lui rendit toute son énergie : il se montra grand, calme, et fort de son innocence ; il suivit ses gardes, et nous laissa sa femme à consoler. On mit les scellés partout ; on les mit jusques sur les effets de madame de Cervières, et elle resta sans ressource. Elle avait deux enfans, et elle n'avait

plus de pain à leur donner. Je voulus solliciter l'appui de quelques hommes vertueux, demander de l'occupation, être utile, et gagner de quoi soutenir ma femme, ma fille et la famille de mon ami : Juliette s'y opposa constamment. Elle comptait les dignités pour rien, et l'opulence pour peu de chose. Elle ne respirait que pour aimer; sa passion était sa vie; toute son âme était de l'amour. « Non, dit-elle,
« non, tu n'exposeras pas ta tête; je
« peux tout perdre hors toi. Vendons
« notre bien; nous le remplacerons
« peut-être un jour. Les extrêmes se
« touchent; un nouvel ordre de
« choses peut naître du sein même
« du chaos. »

Je fis passer ma procuration à Lysi. Il vendit, et nous reçûmes un million en assignats. Je respirai un moment, et je me partageai tout entier entre

Juliette, son amie et nos enfans. Je fis passer des secours à Cervières; à force de peines et de ruses, je l'approchai quelquefois; je lui donnai des motifs de consolation auxquels je ne croyais pas moi-même. Je l'assurais que sa femme était tranquille, qu'elle sollicitait, qu'elle espérait sa liberté, et toutes ses démarches étaient infructueuses. Le chagrin la consumait, elle s'éteignait dans nos bras. Juliette passait les jours et les nuits auprès d'elle. Elle cherchait à ranimer son courage; il n'en restait pas dans son cœur la plus faible étincelle. Juliette, malheureuse par l'amitié, n'était pas sans alarmes pour l'objet de son amour; elle cachait soigneusement les sentimens pénibles qui l'agitaient tour à tour; je renfermais ma douleur: nos enfans étaient encore sans prévoyance, et du moins ils ne connaissaient pas le malheur.

Un jour, jour funeste, jour déplorable, qui ne s'effacera jamais de ma mémoire, un marchand de journaux cria, sous nos fenêtres, la mise en jugement de tous les membres du parlement de Paris. Madame de Cervières s'élança de son lit, s'habilla malgré nos remontrances, sortit malgré nos efforts, et courut au tribunal. « Suis-la, me dit Juliette, suis-la; elle « va se perdre. » Je la joignis, je voulus la ramener chez elle; elle n'entendait rien, et je me décidai à l'accompagner. Nous entrâmes dans la salle où siégeait le tribunal, et nous aperçûmes Cervières au milieu de ses confrères. Ils étaient entourés d'une garde nombreuse; les débats étaient commencés. Madame de Cervières, pâle, défaite, portait alternativement son œil égaré sur son mari et sur ses juges. Un mot en faveur de l'accusé la rappelait à la vie, et elle respirait comme quelqu'un qu'on vient de soulager d'un pesant fardeau ; un mot défavorable la replongeait dans un morne accablement ; les muscles de son visage s'alongeaient et s'agitaient de mouvemens convulsifs. Pour moi, je ne m'abusai pas sur le sort qui attendait le malheureux Cervières. A la première interpellation qui lui fut faite, à la manière dont on reçut sa réponse, je jugeai qu'il était condamné d'avance.

On sortit enfin pour aller aux opinions. Qu'on se figure les angoisses d'une épouse sensible, en proie pendant une heure à ce que l'incertitude la plus horrible a de plus déchirant. Hélas ! elle fut trop tôt certaine de son malheur. On prononça l'arrêt fatal, et le désespoir s'empara de son âme ; elle jeta des cris perçans, et tous les yeux se tournèrent sur elle. Elle maudit la perversité des juges, l'imbécillité d'un peuple qui applaudissait lâchement à des assassinats, et on la saisit. Je la retint une seconde; mais je l'avoue, la crainte d'être perdu pour Juliette m'empêcha de rien entreprendre : que pouvais-je, d'ailleurs ? On la traîna au fauteuil de mort, et son époux reparut pour être condamné à mourir doublement, en mourant aux yeux de sa femme, ou en la voyant mourir la première.

Je sortis saisi d'horreur et d'indignation. Je rentrai chez moi dans un état de stupeur qui absorbait toutes mes facultés. Je pris les deux orphelins, je les mis sur mes genoux, et je pleurai sur eux. « Ils n'ont plus que « nous, dis-je à Juliette; nous ne les « repousserons pas. — Les repousser ! « s'écria-t-elle, ils partageront avec

« ma Cécile son pain, mes soins et
« mon amour. »

Le jour même, on les chassa de la maison de leur père, et nous en sortîmes avec eux. Nous nous refugiâmes sous un toit, et nous cachâmes notre chagrin et nos craintes de l'avenir sous les livrées de la misère : elle allait nous assaillir. De jour en jour nos assignats avaient perdu de leur valeur, et dans deux mois il ne pouvait plus en rester un. Quelles réflexions terribles fit naître cette situation désespérante! Sans mon fol attachement pour madame Lysi, nous aurions vécu tranquillement aux Rosiers. Ce petit bien suffisait à tout quand Juliette le faisait valoir. J'avais détruit son repos, j'avais dissipé sa fortune, je la livrais aux horreurs de l'indigence; un malheur plus grand l'attendait encore, et il devait être la suite de mes désordres. J'étais tourmenté, bourrelé, je ne vivais plus. Une nuit, fatigué par des songes affreux, je me réveillai en sursaut, en m'écriant : « Il ne lui reste « que mon amour. — Et cet amour « est tout, répondit-elle aussitôt en « me serrant dans ses bras. Sans lui « point de bonheur ; avec lui plus de « misère. — Tu ne dormais donc pas ? « — Non, mais je pensais à toi — Pé- « niblement ? — Ton image est tou- « jours riante. » C'est ainsi qu'elle me reprochait ses malheurs.

Il fallut travailler. Juliette, la fille d'un pair d'Angleterre, trouva de l'ouvrage chez une lingère, et le reçut comme une faveur du ciel. J'essayai des gouaches ; je ne trouvai point à les vendre, et j'achetai des crochets. Oh, combien nous nous repentîmes alors de n'avoir pas suivi les conseils d'Abell! L'Angleterre nous offrait un asile, et

bientôt nous n'en devions plus avoir au sein même de ma patrie; mais il était trop tard pour revenir à ce projet: Abell avait obtenu l'ambassade de Suisse. Irions-nous à Londres sans appui, sans ressources, sans autre recommandation que notre indigence, implorer l'assistance de parens éloignés que nous ne connaissions pas? D'ailleurs la guerre était allumée dans toute l'Europe, les passe-ports impossibles à obtenir, et la surveillance sur les routes inquisitoriale. « Travail« lons, me disait Juliette, toujours
« forte et résignée; travaillons, ce
« produit est sûr; sachons nous y
« borner, et laissons les chimères. »

Je m'établis dans la cour des diligences. J'étais dans la force de l'âge; les fardeaux les plus lourds étaient ceux que je préférais; ils rapportaient davantage. Je passais les jours entiers dans les travaux les plus durs. La sueur ruisselait de tout mon corps. J'étais quelquefois excédé, mais je pensais à Juliette, et je retrouvais des forces. J'avais tant de plaisir à rapporter le produit de ma journée! Elle trouvait si bon le pain que je lui gagnais! Les mets qu'elle m'apprêtait étaient si savoureux! Quand nous étions rassemblés le soir, les caresses de ma Cécile, la reconnaissance des pauvres petits enfans de Cervières, l'amour de Juliette, le mien, formaient un tableau touchant, qui rendait la paix à l'âme et la volupté au cœur.

Cependant je n'étais pas habitué aux exercices violens, et les efforts soutenus auxquels je m'étais soumis, altérèrent ma santé. J'avais besoin de repos; mais Juliette avait besoin de mes bras, et je continuai à travailler avec ardeur. Elle voyait que je dépérissais, elle me conjurait de me ménager, je le lui promettais, je n'en faisais rien, et je rentrai enfin avec une fièvre violente. Juliette, ma bonne, ma précieuse Juliette me soignait, me consolait, et trouvait encore la force de me sourire. Elle dépensa bientôt le peu que nous avions d'épargnes ; elle attendait alors le moment où je reposais, et elle allait vendre ses chemises pour me procurer des secours : je serais mort si je l'avais su. Je guéris ; et je lui dus la vie : que ne lui devais-je pas ?

Mes inquiétudes revinrent avec ma santé. Qu'allais-je faire ? Qu'allions-nous devenir ? Juliette ne voulait plus que je reprisse mes premiers travaux, absolument elle ne le voulait plus. J'insistai ; elle jeta mes crochets au feu. « Il faut donc demander l'au-

« mône, lui dis-je avec un profond
« soupir; tendre la main après avoir
« donné. Oh! cette idée est insuppor-
« table. — Nous avons encore de quoi
« vivre quatre jours. — Et après ? —
« Qui sait le changement qu'ils peu-
« vent amener ? » Le facteur de la
poste m'appela de la rue. Je descendis; il me remit une lettre. Je reconnus l'écriture, et je remontai précipitamment, en criant: « Voilà une lettre
« d'Abell. — Il a répondu à ma con-
« fiance; tu es sauvé, me dit Juliette
« en m'embrassant. » Elle avait cal-
culé le moment où nous devions périr
d'inanition, et elle avait voulu le prévenir. Trop fière pour demander pour
elle, elle n'avait pas rougi de demander pour moi. Abell nous restait seul;
c'est à lui qu'elle s'était adressée, et sa
lettre lui était parvenue sous une en-

veloppe à l'adresse d'un des premiers magistrats de Bâle.

Abell allait beaucoup au-delà de ce que nous pouvions raisonnablement espérer. Il nous donnait quatre mille livres espèces à prendre chez un banquier qui faisait des affaires avec la Suisse, et il nous pressait de l'aller joindre pour ne plus nous quitter. « J'ai « fait un mariage de raison, nous di- « sait-il; j'ai épousé une femme esti- « mable, je l'ai perdue, et elle m'a « laissé un fils; il sera l'époux de Cé- « cile. Si je n'ai pu faire le bonheur de « Juliette, que je la rende au moins « heureuse dans son enfant. » Quels procédés délicats! quelle manière de déguiser le bienfait! Il avait tout prévu; il nous facilitait les moyens d'obtenir un passe-port, en joignant à son paquet des lettres de différens négocians de Bâle, qui m'invitaient à aller sur les lieux traiter d'une partie considérable de comestibles. Ces bons Suisses s'étaient prêtés, sans nous connaître, à nous tirer de l'oppression. Juliette ne m'avait pas dit qu'elle eut écrit à Abell ; elle ne savait pas si sa lettre lui parviendrait, et elle n'avait pas voulu me donner une fausse joie. Quelle fut la sienne, quelle fut la nôtre en lisant la réponse ! Quel homme que cet Abell ! je ne pouvais le comparer qu'à Juliette.

Je courus chez le banquier ; il me compta ma somme ; et je la rapportai chez nous. J'allai ensuite à ma section demander un passe-port. Je produisis pour titres les lettres des négocians Suisses. On les examina long-temps ; je répondis d'une manière générale et satisfaisante pour les gens à qui j'avais affaire. On loua le zèle qui me portait à m'occuper des besoins publics, on m'expédia mon passe-port, et on me dit d'aller le faire viser à la Commune. Je m'y rendis ; j'entrai au bureau des passe-ports ; un homme en bonnet rouge était assis à une table ; je lui présentai mes papiers ; il les prit sans daigner lever la tête, et sans me dire un mot. Il lut et relut les lettres de Suisse ; il en tira d'autres d'un tiroir, et parut comparer les différentes écritures ; il prit enfin le passe-port ; je croyais qu'il allait le signer : « Jean Happy ! » s'écria-t-il, en se tournant vivement de mon côté : c'était le curé de Saint-Étienne-du-Mont. Je frémis en le reconnaissant : ma tête n'était plus à moi.

Il avait renoncé publiquement ce Dieu que sa conduite avait si longtems blasphêmé. Il se faisait appeler *Brutus ;* il dénonçait, il persécutait la vertu ; il avait voulu être l'homme de Robespierre ; il l'était devenu à

force de forfaits. « Que vas-tu faire
« en Suisse, me dit-il, sans pense
« même à me cacher sa fureur? — Mes
« papiers ne l'indiquent-ils pas?—Tu
« m'es suspect. — Je le crois. — Ta
« femme est-elle ici? — Que t'im-
« porte? — Réponds, je te l'ordonne
« au nom de la loi. — Des lois! il
« n'en est plus, si tu es leur organe. »
Deux de ses dignes confrères parurent, et il se modéra. « Repasse de-
« main, me dit-il, je te remettrai
« ton passe-port. »

Je sortis affrayé, incertain de ce
que j'allais faire. Lorsque *les Brutus*
disposent arbitrairement de la vie des
citoyens, leur autorité est déjà chan-
celante; elle tombe avec la popula-
rité qui l'a produite; le peuple voit
clair enfin, et ce moment ne devait
pas être éloigné. Je pouvais sortir à
l'instant même de Paris, à la faveur

de ma carte de sûreté. Seul je pouvais me cacher dans les bois, dans les carrières, et attendre le jour de la vengeance publique. Mais où aller sans passe-port avec une femme et un enfant, incapables de supporter cette vie errante, et qui n'avaient déjà que trop souffert? Trois personnes sans domicile sont bientôt remarquées; et pour être arrêtés, il ne fallait qu'être vus. Après avoir réfléchi quelque temps, je pensai que je me livrais peut-être à des craintes exagérées. Sans doute Brutus voulait me perdre, sans doute il en avait le pouvoir; mais il ne pouvait pas signer seul un mandat d'arrêt, et je ne croyais pas les hommes assez dépravés encore, pour supposer que ses collègues signassent celui-ci uniquement pour satisfaire ses passions. Je ne présumais pas qu'il pensât à me faire arrêter à la Commune même. Je pouvais le faire connaître à ses collègues, et il suffisait qu'un seul d'entre eux eût conservé quelque chose d'humain, pour que je n'eusse rien à craindre de lui. Je n'avais alors à redouter que ces piéges adroits, qui ne produisent pas leur effet en vingt-quatre heures, et je résolus de retourner à la Commune : c'était, d'après ma manière de voir, le parti le moins dangereux.

Je rentrai chez moi. Je ne dis rien à Juliette de ce qui venait de m'arriver ; je chargeai mes pistolets, je les mis dans ma poche, et je continuai de vaquer à mes affaires. Le lendemain, je me présentai à la Commune. Brutus n'y était pas, et j'en augurai bien. Celui qui était au bureau me parla avec assez de douceur, et je pris quelque confiance. Mes pistolets repoussaient les poches de mon gilet il me demanda ce que j'en voulais faire. Je répondis que je les avais achetés pour ma route. Il désira les voir : j'eus l'imprudence de les lui remettre. « Ils sont chargés, me dit-« il, pourquoi cela ? » Je ne sus que répondre. « Brutus nous a dit vrai, « reprit-il, tu es un scélérat. » L'espoir est le dernier sentiment qui s'éteigne dans le cœur de l'homme. J'espérai ramener celui-ci à force de patience et de docilité. Je lui racontai tout le mal que Brutus m'avait fait. Je lui peignis mes malheurs et sa bassesse, les vertus de Juliette et sa turpitude. Un rire amer fut sa seule réponse; il déchira mon passe-port, et sonna. Furieux d'être joué aussi indignement, je voulus me jeter sur lui, il m'arrêta avec mes propres armes. La garde entra, il lui remit un mandat d'arrêt. Désespéré d'avoir livré mes pistolets, certain de ma perte, je voulus au moins revoir Juliette avant de mourir, respirer son haleine pour la dernière fois. Je renversai à droite et à gauche ceux qui voulaient m'arrêter ; je me fis jour, et j'arrivai aux degrés qui descendent sur la place de Grève. Ils me poursuivirent, mais je les gagnai de vitesse ; ils crièrent : *Arrête, arrête l'aristocrate*, et le poste de la Grève sortit, et me barra le passage. Je me retournai, et je courus d'un autre côté. Aux cris multipliés, *arrête, arrête*, quelques hommes s'attroupèrent et voulurent me saisir. Je ramassai un pavé, je frappai sans relâche sur tout ce qui osait m'approcher, je répandais l'épouvante autour de moi, j'allais m'échapper encore. Un boucher me jeta son bâton dans les jambes et je tombai. Dix hommes se jetèrent sur moi, la garde eut l'infamie de me frapper à coups de crosse. On criait de toutes parts : *A mort l'aristocrate*. Brutus avait besoin que je vécusse encore : son confrère me fit épargner; on me traîna au Luxembourg.

Les malheureux sont compatissans. Un prisonnier bassina mes plaies; il me présenta des alimens, je les refusai. J'appelais à grands cris Juliette et ma Cécile. Je bravais, je méprisais la mort; mais j'étais déchiré par l'idée de les abandonner à la misère et à l'infamie. La jalousie s'alluma dans mon sein et vint ajouter à mes maux. J'arrachai mes habits, mes cheveux. Je n'avais qu'un cri, c'était Juliette. Je ne souffrais que pour Juliette, je ne regrettais qu'elle, et je sentais que je l'aimais avec fureur au moment où je la perdais pour jamais. Mon désespoir, mes sanglots, rassemblèrent tous les prisonniers. Des femmes jeunes, belles, sensibles, compatirent à ma douleur : les cœurs tendres s'attirent, s'entendent et se répondent. Elles ne me donnèrent point d'espoir; elles savaient que les tigres ne pardonnent jamais; elles m'engageaient à me résigner; elles l'étaient elles-mêmes, et cependant elles aimaient aussi. Ce sexe nous égale en vertu, nous surpasse quelquefois en courage, nous fait aimer la vie, et nous aide à mourir.

Je rougis de ma faiblesse; je redevins homme, et je me promis de l'être jusqu'à la fin. Je ne m'occupai que de mes derniers momens.

CHAPITRE VII.

Conclusion.

On avait des moyens pour faire sortir des lettres : j'écrivis à Abell. Je lui recommandai sa Juliette, qui allait cesser d'être la mienne; je le suppliais de réparer envers cette infortunée les outrages de la fortune. Je ne lui prescrivais rien, je m'en rapportais à son cœur. Je lui conseillais seulement de la faire réclamer par le Résident suisse à Paris, et de l'envoyer prendre par un homme de confiance. Je finissais en le remerciant de ce qu'il avait fait pour moi. « Je vais mourir à vingt-
« huit ans, lui disais-je. Mon dernier
« soupir sera pour l'amour; l'avant-
« dernier sera pour vous. »

J'écrivis ensuite à Juliette. Je lui apprenais ma détention, ce qui l'avait occasionnée, et la fin que j'attendais.
« Pleure, lui disais-je, mais sois assez
« forte pour te consoler. Vis pour ta
« fille, vis pour toi. Pardonne-moi
« l'amour que je t'ai inspiré, et que
« je ne méritais pas; pardonne-moi des
« faiblesses qui t'ont affligée, et dont
« le souvenir me suivra au tombeau;
« pardonne-moi tes malheurs, et hâte-
« toi de les réparer Un homme ver-
« tueux t'adore; je te remets entre
« ses mains. Accorde-lui le prix de
« dix ans de constance, donne un
« père à ta Cécile; et si en effet quel-
« que chose de nous doit survivre à
« nous-mêmes, le spectacle de ton
« bonheur ajoutera au bienfait de
« l'immortalité. Je veillerai sur toi,
« sur ta fille, sur ton nouvel époux
« mon ombre ne vous quittera point;

« elle erra sans cesse autour de Ju-
« liette; elle lui ouvrira les portes de
« l'éternité. »

En écrivant ces mots ma constance m'abandonnait; je buvais à longs traits la coupe d'amertume. Je remis mes lettres à une jeune dame qui me regardait écrire, et qui daignait essuyer mes larmes. Son air était serein; j'en marquai de l'étonnement : « Mon
« amant était beau comme vous, me
« dit-elle; il est mort hier; j'ai reçu
« mon acte d'accusation aujourd'hui,
« je le rejoindrai demain. »

Le lendemain à dix heures on vint prendre cette femme intéressante; on la mit dans un fourgon avec quinze autres victimes. Elle m'aperçut, et me dit adieu de la main. Son œil se tourna doucement vers le ciel, et ses lèvres sourirent.

Un prisonnier vint me dire qu'un

femme, dans l'éclat de la beauté, était assise au pied d'un arbre avec une petite fille; qu'elle était accablée de douleur, et que ses yeux étaient constammeut fixés sur les murs de notre prison. « C'est Juliette, » dis-je aussitôt, et je courus sur les plombs. C'était elle en effet. Elle me reconnut, elle étendit ses bras vers moi; ma petite Cécile tomba à genoux, et invoqua le ciel. Le ciel fut sourd au vœu de l'innocence; il nous réservait d'autres épreuves. Des infortunées, qui passaient les jours sous ces murs de proscription, pour entrevoir un moment l'objet de leur tendresse, et qui se croyaient heureuses de respirer le même air, ces malheureuses entourèrent Juliette, et caressèrent ma fille. Je ne pouvais pas les remercier; je les bénis.

Un factionnaire, aussi barbare que

ses maîtres, vit ce groupe de douleurs, et le dispersa : il n'était pas permis alors de s'attendrir sur les maux de ses semblables. Juliette, en se retirant, tournait la tête à chaque pas; à chaque pas, elle s'arrêtait, elle embrassait sa fille, me regardait et semblait me dire : « C'est toi que j'embrasse. » Elle tira son mouchoir, le porta sur ses yeux, et s'éloigna.

Deux heures après, je reçus un billet dans un pain; il était de Juliette. « Un cœur comme le mien ne se « donne qu'une fois. Il peut souffrir « beaucoup, et ne saura pas survivre à « ce qu'il aime. Madame de Cervières « m'a laissé un grand exemple : nous « nous rejoindrons tous. Je lègue ma « fille à Abell. »

Je conclus de ce billet que Juliette elle-même était sans espoir. Je laissai tomber ma tête sur ma poitrine, et je passai plusieurs heures dans un profond accablement.

Je restai tout le jour sur les plombs, et Juliette ne parut pas. J'y retournai le lendemain, dès que nos chambres furent ouvertes. Elle passa, elle s'arrêta un moment, et continua de marcher; elle allait très-vite, et je jugeai qu'elle travaillait à ma délivrance.

Le soir je reçus un second billet :
« Depuis ce matin je marche, et je
« n'ai pas trouvé un cœur sensible;
« ils sont tous d'acier. Je vais chez
« Brutus lui-même. Je m'abaisserai,
« je pleurerai devant lui. Il aura pitié
« de moi, puisqu'il m'aime. — Malheureuse! où vas-tu? Je serais mort
« en paix; tu vas empoisonner mes
« derniers momens. » Je passai une nuit cruelle. Je m'étais consolé, en pensant qu'Abell me remplacerait auprès d'elle; je ne pus supporter l'idée

de la savoir en proie à la lubricité d'un monstre. Je me réveillai vingt fois, tantôt glacé, tantôt trempé de sueur.

Le matin je reçus un troisième billet : « Je peux te sauver la vie ; mais
« on la met à un prix.... Je ne peux
« m'y résoudre, et tu meurs si je me
« défends. — Oui, je mourrai ! m'é-
« criai-je, et je mourrai avant que
« le crime soit commis. J'arracherai
« à ce lâche le prix de ses forfaits. Tu
« pourras te défendre quand je ne
« serais plus ; » et je montai sur les plombs pour me précipiter. Un jeune homme de seize à dix-sept ans s'était attaché à moi, et me quittait peu. Il monta après moi, et me prit sous le bras. « Laissez-moi, lui dis-je, vous
« me gênez. — Quel ton ! reprit-il,
« Que venez-vous faire sur les plombs ?
« — Laissez-moi, laissez-moi. — Vous
« voulez mourir, et nous pouvons

« nous sauver.—Nous sauver! Quand?
« —Dans une heure.—Ah! parle,
« parle. Je te devrai plus que la vie.
« —Mon projet est sûr. Il me fallait
« un homme de tête pour me secon-
« der; je vous ai trouvé : suivez-moi;
« je vais m'expliquer. » Je le suivis, il
descendit et me conduisit dans sa
chambre.

Nous y étions à peine, que des
guichetiers vinrent nous saisir. Il y
avait parmi nous des espions de ce
qu'on appelait alors gouvernement.
Un de ces misérables nous avait en-
tendus sur les plombs, et avait couru
avertir. On m'ôta mes boucles, mes
jarretières, mon col et mon mouchoir, et on m'enferma seul dans une
chambre dont la croisée était murée.
Je m'étendis sur le pavé, je le frappai à coups redoublés avec ma tête;
je me sentais l'affreux courage de

m'achever ainsi. On rentra dans ma chambre, on me jeta sur des matelas, et on m'attacha les bras et les jambes à des anneaux de fer. Je fis des efforts inouis : je ne pûs pas me détacher. J'essayai d'avaler ma langue ; cela me fut impossible. J'appelai la mort à grands cris ; la voûte répondait seule à ma voix. Vers le soir on vint me prendre, on me mit les fers aux mains, et on me fit descendre dans la cour : une voiture m'attendait. Je provoquai les gendarmes, je les attaquai avec mes fers ; j'espérais qu'un d'eux me passerait son sabre au travers du corps ; on se contenta de me lier les coudes derrière le dos, et on me mit dans la voiture.

Et sortant la derniére porte, j'aperçus Juliette. Elle était debout contre un mur ; ses traits étaient renversés, ses vêtemens en désordre ; elle ne pleurait pas, elle étouffait. Elle me vit passer. « C'est donc ma dernière « ressource, dit-elle à demi-voix, il « faut se soumettre. » La voiture partit ; on me descendit à la conciergerie, et on me jeta dans un cachot. Croirait-on que j'éprouvai, en y entrant, un sentiment de joie ? Elle a « résisté, disais-je, puisqu'on me met « en jugement. Demain je meurs, et « l'infâme Brutus ne dégradera pas le « plus bel ouvrage de la nature. » Je passai une nuit tranquille. J'entendais l'horloge, je comptais les heures ; je ressemblais au voyageur haletant qui aperçoit le terme d'un long et pénible voyage.

A huit heures la porte de mon cachot s'ouvrit. On y poussa une femme, et les verroux se refermèrent. Elle vint tomber près de moi : c'était Juliette. O que la mort me parut amère, quand je vis que je ne mourrais pas seul ! Je lui parlai ; elle ne me répondit que des mots entrecoupés ; une horreur secrète l'agitait. Je crus que ces caresses, jadis si puissantes, la rendraient à elle-même ; elle s'y déroba avec précipitation. « Je suis « indigne de toi, s'écria-t-elle, le « crime m'a souillée. » Je tombai anéanti, je ne proférai pas un mot, la mort était déjà dans mon sein. Juliette sanglotait dans un coin du cachot, j'étais sourd à sa douleur, j'étais tout entier à la mienne. Elle se traîna à mes genoux, et elle me demanda pardon. « Ma vertu, me « dit-elle, m'était plus chère que ma « vie ; mais tu m'es plus cher que ma « vertu Le monstre m'a juré qu'il te « laisserait vivre.... Je me suis prostituée.... — Dieu ! — Le lâche ! je « l'ai reçu dans mes bras!. Il me fai-

« sait horreur, et il a cru jouir. — Qui
« donc t'a fait descendre ici ? — C'est
« lui-même. — Oh!... oh!... — Vas,
« m'a-t-il dit, je te rends à ton époux.
« Dis-lui que tu sors du lit de cet
« homme que tu as si long-temps
« méprisé. Vas, meurs avec lui, et
« que ton infamie ajoute à son sup-
« plice. »

Un long et affreux silence succéda
à cette horrible explication. Enfin je
rassemblai ce que j'avais de force, et
je rappelai ma raison. La laisserai-je
« mourir sans consolation, me dis-je
« en moi-même ? n'est-ce pas pour
« racheter ma tête qu'elle s'est... Une
« femme est-elle déshonorée quand
« son âme reste pure ? » Je m'approchai d'elle, je l'encourageai, je la
ramenai à l'estime d'elle-même. Elle
répondit d'abord d'un air timide à mes
caresses; bientôt elle se livra davan-

tage ; bientôt nous oubliâmes que nous avions épuisé ce que la scélératesse humaine a de plus atroce; nous oubliâmes que le cercueil était ouvert à nos pieds ; elle me délia les bras, et dans le fond d'un cachot infect, étendus sur de la paille humide, nous retrouvâmes les délices de l'amour et ses plus vives jouissances.... Il me semblait que je la purifiais.

Ces momens où nous rêvâmes le bonheur furent bientôt interrompus. On nous fit monter, et nous parûmes avec cinquante autres malheureux devant cette horde d'assassins. Brutus était parmi les témoins; Juliette détourna sa tête, et le monstre rit du rire affreux du crime. J'entrai en fureur; je me levai, on me retint; je voulus parler, on me mit hors des débats, et on me fit descendre dans la chambre où les condamnés attendaient leur dernière heure.

Vers midi, on y entassa mes compagnons d'infortune. Je cherchai Juliette, et nous nous assîmes l'un à côté de l'autre dans le fond de la chambre. Je la fixai : elle était calme. Elle me prit la main : « Du courage, me « dit-elle, on ne meurt qu'un mo- « ment, et après ce qui m'est arrivé, « la vie serait un long supplice. » Elle fit appeler l'épouse du concierge, et la pria de lui faire voir sa fille pour la dernière fois. Cette femme n'était pas née pour son état : elle avait un cœur. Elle alla nous chercher notre enfant et ceux de Cervières. Ces trois petits malheureux avaient passé la nuit seuls dans un galetas, et ils n'avaient cessé de pleurer. Leurs pleurs redoublèrent en nous voyant ; ils nous serraient dans leurs bras ; ils sentaient ce qu'ils allaient. perdre Nos larmes se mêlèrent long-temps aux leurs. « Éloignez-les, « dit Juliette à la femme du concierge; « je m'affaiblis auprès d'eux, et j'ai « besoin de toute ma constance. » Elle donna à cette femme tout ce qu'elle avait d'argent; elle lui fit prendre l'adresse d'Abell; elle lui fit promettre de lui écrire quand nous ne serions plus, et de prendre soin de ces enfans jusqu'à ce qu'elle ait reçu sa réponse. Ces pauvres enfans ne voulaient pas nous quitter. Il fallut les arracher de ce lieu de désolation. L'exécuteur entra..... Des cheveux coupés.... Des mains liées.... Ah !...

On chargea les charrettes des premiers qui se présentèrent. On les prenait au hasard, comme des agneaux dans une bergerie. Juliette et moi, nous n'avions pas quitté notre place; nous étions toujours dans le fond de

la chambre. Nos mains ne pouvaient plus se toucher; nos lèvres se joignaient encore, et nous attendions notre tour. « Les charrettes sont plei-
« nes, dit l'exécuteur au concierge.
« Rentrez ces quatre-là, ils passeront
« demain avec les autres. — Faites
« venir une voiture, dis-je à l'exécu-
« teur; au nom de Dieu, ne nous
« laissez pas vingt-quatre heures dans
« cette intolérable situation. On se
« gênera pour toi, me répondit un
« homme en bonnet rouge; allons,
« marche. » Nous rentrâmes en prison, et nous entendîmes partir les charrettes qui menaient les autres à la mort.

Vers les six heures, je dis à Juliette : « Ils sont heureux, ils ont
« cessé de souffrir, et nous.... » Tout à coup un mélange confus de voix, le galop des chevaux, le bruit des roues

des affûts nous tirèrent de la léthargie dans laquelle nous étions plongés. Nous écoutâmes sans pouvoir rien distinguer, et le tumulte allait toujours croissant. On battit la générale, on sonna le tocsin. « Est-ce encore un « deux septembre, dit Juliette, en « cachant sa tête dans mon sein ? « Oh ! cette mort serait affreuse... Te « voir massacrer devant moi.... » On ouvrit la porte de notre chambre... Juliette se jeta dans mes bras, je l'enveloppai dans les miens, nous fermâmes les yeux, et nous attendîmes les coups. « Ne craignez rien, me dit-« on, peut-être êtes-vous sauvés. » Je me retournai : je vis la femme du concierge. « Robespierre, poursuivit-« elle, le conseil de la commune, les « membres du tribunal, sont mis « hors de la loi. Ils pensent à se dé-« fendre ; ils succomberont peut-être,

« et le sang innocent cessera de cou-
« ler. — Courez, lui dis-je, courez,
« informez-vous, rassurez-nous, ren-
« dez-nous à la vie. »

Avec quelle promptitude le cœur le plus abattu se rouvre à l'espérance, avec quelle avidité il en saisit la plus faible lueur, et qu'il rejette facilement les idées consolatrices qui l'ont un moment étourdi sur ses maux! Tantôt nous pensions voir tomber nos fers, les portes s'ouvraient, nous étions rendus à nous-mêmes; tantôt Robespierre triomphait, ses satellites recouvraient leur puissance, et venaient nous punir d'avoir osé espérer. Juliette et moi, serrés l'un contre l'autre, immobiles, attentifs, nous jugions par le battement de nos cœurs des sensations différentes qui les agitaient tour à tour. La femme du concierge revint.

« Eh bien? lui criai-je. — Tout Paris

« s'arme contre eux; les canonniers
« les abandonnent, et se rangent avec
« leurs pièces autour de la Conven-
« tion. On va attaquer la Commune.
« — Oh! si j'étais libre, comme je
« me précipiterais à la tête des sec-
« tions! Que d'outrages à punir! Ce
« Brutus!.... Je suis altéré de son
« sang... je l'épuiserais jusqu'à la der-
« nière goutte; je mettrais son corps
« en lambeaux, je les traînerais dans
« la fange. — Tout annonce, reprit
« la concierge, que vous allez être
« vengés. Venez, je peux prendre
« sur moi de vous mettre plus com-
« modément. » Elle nous fit conduire
à une petite chambre assez propre,
et elle nous amena les enfans. Nous
ne devions plus les revoir; nous re-
naissions pour eux : nous nous livrâ-
mes à la nature.

La chambre où nous étions donnait

sur une cour. Elle était entourée de fenêtres grillées, et tous les prisonniers parlaient à leurs croisées de cet événement si inattendu, et qui pouvait avoir des suites si heureuses pour nous. Tous avaient les mêmes intérêts, tous formaient les mêmes vœux. Le jour commençait à poindre, et rien n'était décidé encore; un cri général se fit entendre : « Les voilà, les « voilà, les barbares ! Ils vont rendre « le sang dont ils se sont gorgés. » Robespierre, ses principaux complices, le conseil général de la commune, traversèrent la cour sur laquelle nous étions. Je les examinais les uns après les autres.... je vis enfin ce farouche Brutus. La crainte était sur son visage; le remords n'arrivait pas jusqu'à lui. Arrêté par mes barreaux, j'allais au moins le charger d'imprécations : Juliette me contint. « Il va mourir, me

« dit-elle, que peux-tu vouloir de
« plus? Laisse passer cet homme; ne
« te dégrade point. » Les autres, moins délicats que Juliette, les abreuvèrent d'opprobres. Quel spectacle que celui de soixante malheureux qui devaient périr le jour même, qui passaient subitement de la mort à la vie, et qui voyaient le fer assassin tomber enfin sur les têtes de leurs bourreaux! La joie la plus vive régnait dans tous les cœurs; elle se manifestait par des cris, par des chants; la nôtre s'exprima par les plus tendres caresses. Voilà encore une de ces affections de l'âme qu'on ne saurait dépeindre, qu'on ne peut pas même concevoir qu'on ne l'ait éprouvée.

Vers les cinq heures du soir, ces scélérats furent traînés au supplice. Nous entendîmes, du fond de notre prison, les horreurs que vomissait contre eux le peuple de Paris. C'étaient des fils, des pères, des époux, des filles, des amis, des amantes, qui pleuraient, qui redemandaient ce qu'ils avaient perdu; c'étaient des cœurs ulcérés qui savouraient enfin l'affreux plaisir de la vengeance.

Deux jours après, on apporta l'ordre de rétablir dans leurs différentes maisons d'arrêts, ceux qui étaient à la Conciergerie pour des faits révolutionnaires. La femme du concierge nous rendit exactement notre argent; nous la comblâmes de bénédictions; nous prîmes avec nous les enfans; on eut l'humanité de nous les laisser, et nous rentrâmes au Luxembourg. Mes anciens compagnons furent frappés d'étonnement en me revoyant; ils me croyaient exécuté de la veille. Ils prirent la part la plus touchante à l'événement qui m'avait conservé, et qui les rassurait sur leur propre existence. Je leur présentai Juliette; tous l'aimèrent en la voyant; tous l'estimèrent après l'avoir entendue. Mon jeune homme m'embrassa des premiers, et me dit : « J'ai reçu hier « mon acte d'accusation, et j'en ris « aujourd'hui. Il est inutile mainte-« nant de former des plans d'évasion. « J'espère qu'on va nous rendre à la « société. » En effet, on commença à vider les prisons. J'adressai plusieurs pétitions aux comités de gouvernement; elles restèrent sans réponse, et cependant huit, dix, vingt détenus étaient élargis tous les jours. J'écrivis à Abell. Je ne lui parlai pas de l'affreuse catastrophe de Juliette; je lui disais seulement quel miracle nous avait sauvés. Je le priais de faire agir le Résident suisse. Quinze jours après, un secrétaire de la légation helvétique nous apporta notre ordre de sortie. Nous courûmes avec nos trois enfans offrir au Résident l'hommage sincère de notre reconnaissance, et nous nous logeâmes dans un hôtel garni.

Juliette changeait sensiblement. L'âme la plus forte tient toujours à la vie, et pendant quelques jours elle n'avait été émue que par le plaisir d'être encore. Elle avait fait depuis un retour sur elle-même, et le souvenir de Brutus la poursuivait sans relâche. Je redoublai auprès d'elle de soins, d'égards et d'amour. Si je ne lui fis pas oublier le monstre, je la convainquis par tous les moyens que me suggéra ma tendresse, par tous les raisonnemens que me fournit la raison, que, loin de se croire coupable, elle devait avoir d'elle-même cette haute estime que donne la vertu, portée au dernier terme où l'humanité puisse atteindre. Quand elle fut certaine que je la respectais, que je la chérissais plus que jamais, elle s'étourdit sur ce souvenir fâcheux, elle surmonta sa mélancolie, elle redevint la plus belle comme la plus aimable des femmes.

Abell ne cessait point de nous écrire. Il nous priait, il nous ordonnait au nom de l'amitié, de nous réunir à lui. J'aimais mon pays. Il allait renaître de ses ruines; un gouvernement doux et sage devait succéder bientôt aux fureurs de l'anarchie; je désirais ne devoir mon existence qu'à moi-même : il m'en coûtait d'être à charge à mon ami. Mais Juliette craignait une réaction; elle pria; ses moindres désirs étaient des ordres sacrés pour moi.

Je retournai à ma section. Je racontai comme j'avais perdu mes papiers, et on se rappela mon affaire.

Je demandai un second passe-port, et on me l'accorda après quelques difficultés; il fut visé le même jour, et nous partîmes enfin. Nous arrivâmes heureusement à Bâle. Abell, que j'avais prévenu de notre arrivée, vint au-devant de nous, et nous reçut comme si sa vie eût dépendu de la nôtre. Il nous logea chez lui, et ne nous laissa pas le temps de désirer; il ne mit point de bornes à sa générosité.

Son fils était à peu près de l'âge de notre Cécile. Ces deux enfans s'aimèrent d'abord. L'amitié que Cécile avait pour les petits Cervières ne ressemblait pas à celle que lui inspirait le jeune Abell. Le père de celui-ci souriait aux marques d'attachement que ces enfans se donnaient; il applaudissait au sentiment secret qui les attirait l'un vers l'autre. « Voilà, me di-

« sait Juliette, comme nos amours
« ont commencé. Puisse-t-ils s'aimer
« de même, et être plus heureux ! »

Nous résolûmes, Juliette et moi, de ne pas abuser plus long-temps des bontés d'Abell. Je le priai d'observer que l'oisiveté ne convenait ni à mon caractère, ni à mon âge, ni à ma situation. « Donnez-moi des moyens de
« travailler, lui dis-je, et vous ajou-
« terez, s'il est possible, aux sentimens
« qui m'attachent à vous. » C'était la dixième fois au moins que je réitérais mes instances. « Puisqu'absolu-
« ment vous le voulez, me répondit-
« il, il faut vous satisfaire. Je vois
« pour vous deux partis à prendre:
« Le plus court, et le moins avanta-
« geux, c'est d'être secrétaire de lé-
« gation, et je me charge de vous
« procurer un brevet; mais vous n'ê-
« tes pas Anglais, et vous ne serez ja-

« mais autre chose que secrétaire. Le
« second parti, c'est de passer à Lon-
« dres, d'apprendre le commerce; je
« vous prêterai des fonds, et avec
« votre intelligence et votre activité,
« vous ferez sans doute une bonne
« maison. Choisissez. » Juliette et
moi nous nous décidâmes pour le
commerce; nous donnâmes encore
quelques jours à l'amitié, et nous pensâmes à nous séparer d'Abell. Il nous
faisait partir pour Hambourg, où nous
devions nous embarquer pour Londres.

La veille du départ il entra dans
notre chambre. Il nous présenta plusieurs lettres de recommandation, et
des billets au porteur pour des sommes
très-fortes, sur différentes maisons de
Londres. Je refusai constamment ces
derniers. Leur valeur m'effrayait. « Je
« vais vous mettre à la raison, me

« dit Abell; vous verrez que vous ne « me devez rien. » Il tira un contrat de sa poche, et pria Juliette de le lire. C'était une donation de vingt mille livres sterling à son fils, que nous lui rendrions le jour de son mariage avec Cécile, et dont, jusqu'à cette époque, nous serions dépositaires, sans intérêts. Quelle manière de donner! Nous nous attendrîmes, nous ne pûmes le remercier; mais il nous entendit.

Nous arrivâmes à Hambourg, et le trajet de cette ville à Londres fut court et heureux : la fortune s'était lassée enfin de nous persécuter. Les correspondans d'Abell répondirent parfaitement à ses vues. Ils nous comblèrent d'égards et de complaisances. L'un d'eux, riche marchand établi dans Cheapside, m'offrit de me montrer les élémens du commerce. J'acceptai sa proposition avec empressement. Je répondis à ses soins avec une telle exactitude, je profitai si bien de ses leçons, qu'au bout de quelques mois je me trouvai en état de travailler pour mon compte.

A notre arrivée à Londres, nous avions vu les parens de Juliette : ses pressentimens n'étaient que trop fondés. C'étaient des gens riches et titrés, qu'une mésalliance révoltait, et qui me firent sentir que je n'avais pas le bonheur de leur plaire. C'était dire à Juliette : Ne nous revoyez plus. Aussi rompit-elle absolument avec eux, et elle me pria de les abandonner à leurs orgueilleuses chimères. Juliette ne pouvait souffrir qu'on voulût m'humilier ; mais je pouvais souffrir tout pour Juliette. Je voulus tout tenter pour la rétablir dans l'esprit de sa famille ; et je retournai secrètement chez ses parens. L'accueil repoussant que je recevais quelquefois ne me rebuta point. Myladi Fentou, cousine-germaine de Mylord Tillmouth, était immensément riche, et Juliette était son unique héritière. J'allais souvent lui faire ma cour, quoiqu'elle me reçut toujours très-froidement. Cependant, quand elle sut que mon commerce s'étendait, et qu'il était souvent question de moi à la bourse, elle me traita mieux; elle voulut bien causer familièrement avec moi; mon esprit lui plut. Bientôt j'acquis parmi les négocians de Londres une réputation de probité qui me concilia enfin son estime. Elle m'appela son cousin, et me demanda des nouvelles de ma femme.

« Elle souffre beaucoup, lui dis-je,
« d'avoir encouru votre disgrâce, et
« elle vous verrait avec un respec-
« tueux empressement, si elle osait
« compter sur votre indulgence. —

« Qu'elle vienne. Il y a quelque temps
« que je m'aperçois qu'il est difficile
« de ne pas vous aimer, et votre bonne
« conduite justifie le choix de ma cou-
« sine. »

Myladi donna un grand repas, où les parens de tous les degrés furent invités. Juliette y parut avec ces charmes, cette teinte de sensibilité qu'on ne trouve guères qu'à Londres, et qui étaient embellis, s'il est possible, par ces grâces qu'on n'acquiert qu'à Paris. La réconciliation fut sincère, et bientôt les parens de Juliette sentirent tout ce qu'elle valait. Elle devint l'idole de sa famille, et je partageai l'intérêt qu'elle inspira. Quelques-unes de mes cousines parurent même me trouver fort à leur gré; mais l'expérience m'avait rendu sage. Je restai fidèle à ma Juliette, par raison, par principes, et surtout par amour.

Ma fortune s'accrut au-delà de mes espérances. Les jeunes Cervières, que j'élevais dans le commerce, avaient l'amabilité et le jugement solide de leur malheureux père. Ils répondirent à ma tendresse, ils s'occupèrent de leur bien-être ; c'est tout ce que je désirais. Abell, de retour de son ambassade, se fixa à Londres. Myladi Fenton mourut, et Juliette se trouva immensément riche. Je récompensai la bonne conduite des jeunes Cervières, en leur passant ma maison de commerce. J'unis ma Cécile au fils d'Abell. Elle était belle comme sa mère ; elle avait son âme et son cœur. Je la dotai richement, et c'est une satisfaction pour un père. Juliette, avec le temps, perdit sa beauté ; elle ne perdit que cela : le parfum de la rose survit long-temps à sa fraîcheur.

J'attends la vieillesse sans la craindre. J'ai fait des fautes : qui n'en fait pas ? mais j'ai fait aussi quelque bien. Je me propose d'en faire encore, et d'embellir ainsi mes derniers jours.

Fin du troisième et dernier Volume.

TABLE DES CHAPITRES,

CONTENUS DANS LE TROISIÈME ET DERNIER VOLUME.

Chapitre Ier. *Fautes, repentir*. . . 1
Chap. II. *Revers et succès*. . . . 37
Chap. III. *Départ de Paris*. . . 79
Chap. IV. *Aventures de nuit et de jour*. 109
Chap. V. *Double mariage. — Égaremens du cœur et de l'esprit*. 151
Chap. VI. *Les portraits à la mode*. 200
Chap. VII. *Conclusion*. 242

www.ingramcontent.com/pod-product-compliance
Lightning Source LLC
Chambersburg PA
CBHW050651170426
43200CB00008B/1244